中国科技成果转化
年度报告
2023

（高等院校与科研院所篇）

中国科技评估与成果管理研究会
科技部科技评估中心 **编著**
中国科学技术信息研究所

科学技术文献出版社
SCIENTIFIC AND TECHNICAL DOCUMENTATION PRESS

·北京·

图书在版编目（CIP）数据

中国科技成果转化年度报告. 2023：高等院校与科研院所篇 / 中国科技评估与成果管理研究会，科技部科技评估中心，中国科学技术信息研究所编著. —北京：科学技术文献出版社，2024.3

ISBN 978-7-5235-1225-8

Ⅰ. ①中… Ⅱ. ①中… ②科… ③中… Ⅲ. ①科技成果—成果转化—研究报告—中国—2023 Ⅳ. ① F124.3

中国国家版本馆 CIP 数据核字（2024）第 051595 号

中国科技成果转化年度报告2023（高等院校与科研院所篇）

策划编辑：郝迎聪　　责任编辑：张瑶瑶　　责任校对：王瑞瑞　　责任出版：张志平

出　版　者	科学技术文献出版社
地　　　址	北京市复兴路15号　　邮编　100038
出　版　部	（010）58882941，58882087（传真）
发　行　部	（010）58882868，58882870（传真）
官 方 网 址	www.stdp.com.cn
发　行　者	科学技术文献出版社发行　全国各地新华书店经销
印　刷　者	北京时尚印佳彩色印刷有限公司
版　　　次	2024 年 3 月第 1 版　2024 年 3 月第 1 次印刷
开　　　本	710×1000　1/16
字　　　数	189千
印　　　张	15.5
书　　　号	ISBN 978-7-5235-1225-8
审　图　号	GS京（2024）0063号
定　　　价	138.00元

前　言

当前，新一轮科技革命和产业变革正在加速演进，气候变化、粮食安全、能源安全等问题成为全球面临的共同挑战，科技创新进入大融通时代，促进科技成果转化已成为我国实现科技自立自强和高质量发展的迫切需求。党的十八大以来，以习近平同志为核心的党中央高度重视科技创新和科技成果转化工作，明确要求加速科技成果向现实生产力转化，挖掘创新增长新动能。近年来，习近平总书记在中国共产党第二十次全国代表大会等多个场合的讲话中对科技成果转化作出新指示，要求"加强企业主导的产学研深度融合，强化目标导向，提高科技成果转化和产业化水平""加快科技体制机制改革，加大科技创新和成果转化力度"。

根据《中华人民共和国促进科技成果转化法》《实施〈中华人民共和国促进科技成果转化法〉若干规定》的要求，国家设立的研究开发机构、高等院校，有科技成果转化活动的，均要报送上一年度的科技成果转化年度报告。2017年以来，科技部、财政部积极建立和完善科技成果转化年度报告制度，旨在切实掌握研究开发机构和高等院校的科技成果转化进展、取得的成效、主要经验和存在的问题等。2023年3月,《科技部办公厅 财政部办公厅关于开展2022年度科技成果转化年度报告工作的通知》(国科办区〔2023〕40号)发布,在填报截止时间内共有3808家单位报送了2022年度科技成果转化年报数据,比上一年的3649家增加159家。

在科技部和财政部的指导下,中国科技评估与成果管理研究会、科技部科技评估中心、中国科学技术信息研究所综合采用数据调查、案卷研究、专家咨询、电话访谈及实地调查等定性和定量方法,对3808家高等院校和科研院所的科技成果转化情况进行分析研究,组织编写本报告。本报告的编写与发布,旨在使政府部门和社会公众了解国家设立的高校院所科技成果转移转化进展与成效,总结推广好的做法和经验,针对当前科技成果转移转化存在的主要问题和障碍,提出进一步完善科技成果转化政策的工作建议。希望本报告能为各部门、地方、高校院所和科研人员等提供参考,进一步释放全社会科技成果转化的热情与活力,推动科技成果转化真正落地生根。

本报告分为总体情况、高等院校、科研院所3篇,分别从以下维度介绍:一是通过转让、许可、作价投资方式转化科技成果的情况;二是通过技术开发、咨询、服务方式转化科技成果的情况;三是其他与科技成果转化相关的情况,包括财政资助项目的科技成果转化、兼职及离岗创业和创设参股公司、技术转移机构与人才建设等内容。本报告中数据源于各填报单位提交的2018—2022年度科技成果转化年报数据。由于每年填报单位总数不同,且部分单位填报不具有连续性,因此本报告中涉及"比上一年"变化率的统计口径为同时填报了2022年和2021年年度报告的3523家单位相应数据。编委会在本次年度报告数据核对过程中发现，部分单位的单位性质及个别数据有误，与填报单位进行了确认并更正，因此本年度报告中显示的个别数据与往年已发布报告中的数据略有变化。

　　《中国科技成果转化年度报告（高等院校与科研院所篇）》已连续出版 6 年，在年度报告的填报和编写过程中，虽然编委会不断进行优化和完善，但是由于近年来每年均有填报指标更新，且填报单位有所不同，导致不同报送主体对填报指标的认识存在一定差异，个别数据的填报工作仍存在一定不足。随着数据的逐年积累，研究分析方法仍有进一步优化空间，科技成果转化对经济社会的贡献和影响有待进一步梳理和总结。本报告以反映客观数据为主，有待社会各界一起进行深入研究。报告存在的疏漏之处，欢迎各位读者批评指正！

　　本报告在编写过程中得到了陈柏强、吴寿仁、高静、陈诗波、温强、王春霞、杨晨亮等多位专家的大力支持，在此表示衷心感谢。

编　者
2024 年 1 月

目　录

第一篇　总体情况

第二篇　高等院校

第三篇　科研院所

附　录

第一篇

总体情况

第一章
概况

本篇对 2022 年 3808 家研究开发机构（简称"科研院所"）[①] 和高等院校[②] 的科技成果转化进展和成效[③] 进行了研究分析，主要数据如表 1-1-1 所示。

表 1-1-1　高校院所科技成果转化总体进展主要数据

	指标名称	2022 年
总体概况	总合同[④] 项数 / 项	562 882
	总合同金额 / 万元	17 765 629.1
	当年到账金额[⑤]/ 万元	11 384 893.5

---

① 　本报告中"科研院所"指《中华人民共和国促进科技成果转化法》中"研究开发机构"。

② 　科研院所和高等院校统称为"高校院所"。

③ 　本篇涉及各维度总数（包括图表）分别指 2022 年 3808 家、2021 年 3649 家、2020 年 3554 家、2019 年 3447 家、2018 年 3198 家高校院所相对应总数。

④ 　本报告中科技成果转化"总合同"如无特指，包含以转让、许可、作价投资和技术开发、咨询、服务 6 种方式转化科技成果的合同。

⑤ 　当年到账金额：当年新签订和往年签订的合同在当年实际到账的总金额，本报告统计数据未含以作价投资方式转化科技成果的合同到账情况。

续表

指标名称		2022 年
以转让、许可、作价投资方式转化科技成果	合同项数 / 项	29 289
	合同金额 / 万元	2 420 252.9
	当年到账金额（转让、许可）/ 万元	902 948.5
	财政资助项目产生的科技成果转化合同金额 / 万元	672 643.2
	中央财政资助项目产生的科技成果转化合同金额 / 万元	564 891.3
	平均合同金额 / 万元	82.6
	金额超过 1 亿元（含）的合同项数 / 项	38
	个人获得的现金和股权奖励金额 / 万元	726 242.8
	奖励人次 / 万人次	8.8
以技术开发、咨询、服务[1]方式转化科技成果	合同项数 / 项	533 593
	合同金额 / 万元	15 345 376.2
	当年到账金额 / 万元	10 481 945.0
其他[2]	与企业共建研发机构、转移机构、转化服务平台数量 / 个	16 441
	自建技术转移机构数量 / 个	2117
	专职从事科技成果转化工作人数 / 人	16 159
	与本单位合作开展科技成果转化的市场化转移机构数量 / 个	3964
	在外兼职从事成果转化人员和离岗创业人员数 / 人	18 797
	创设公司和参股公司数 / 个	4551

一、科技成果转化总体进展

2022 年，本报告统计的高校院所以转让、许可、作价投资和技术

---

[1]　技术开发、咨询、服务：原指产学研合作（技术开发、技术咨询、技术服务）。
[2]　其他指标为截至 2022 年底的机构、平台、人员、公司的数量。

开发、咨询、服务 6 种方式转化科技成果的总合同金额略有增长①、总合同项数略有下降、当年到账金额（不含作价投资）略有增长。3808 家高校院所科技成果转化总合同金额为 1776.6 亿元，比上一年增长 8.5%②；总合同项数为 562 882 项，比上一年下降 1.2%（图 1-1-1）；当年到账金额（不含作价投资）为 1138.5 亿元，比上一年增长 8.9%。

图 1-1-1　高校院所以转让、许可、作价投资和技术开发、咨询、服务方式转化科技成果的总合同金额和总合同项数

2022 年，科技成果转化均价略有增长，6 种方式转化科技成果的平均合同金额为 31.6 万元，比上一年增长 9.8%。大额科技成果项目数略有增长，单项科技成果转化合同金额 1 亿元及以上的成果有 62 项，比上一年下降 12.1%；5000 万元及以上的有 148 项，比上一年下降

① 本报告中增长率对应表述："0"为与上一年基本持平；"0（不含）～10%"为略有增长；"10%（含）～20%"为有所增长；"20%（含）～40%"为明显增长；"40%（含）～60%"为显著增长；"60%（含）～100%"为大幅增长；"100%（含）以上"为"增长 ×× 倍"，保留一位小数；下降的情况规则同理。
② 本篇中变化率（"增长""下降""持平"）的统计口径是同时填报了 2022 年和 2021 年年度报告的 3523 家高校院所相应数据。

14.9%；1000 万元及以上的有 1380 项，比上一年增长 5.3%。同时，有 366 家高校院所 2022 年科技成果转化总合同金额超过 1 亿元，比上一年增长 10.9%。

此外，从高校院所所在地维度统计，总合同金额排名前 3 位的省份分别为北京市（349.5 亿元）、江苏省（181.4 亿元）、上海市（151.7 亿元），总合同项数排名前 3 位的省份分别为广东省（170 697 项）、北京市（47 648 项）、江苏省（44 683 项）。

二、单位类型

3808 家高校院所中，按属地划分，包括中央所属单位 679 家、地方所属单位 3129 家；按单位性质划分，包括高等院校 1524 家、科研院所 2284 家（表 1–1–2）。

表 1–1–2　高校院所单位分布

类型	中央所属单位		地方所属单位		合计	
	数量 / 家	占比	数量 / 家	占比	数量 / 家	占比
高等院校	107	2.8%	1417	37.2%	1524	40.0%
科研院所	572	15.0%	1712	45.0%	2284	60.0%
合计	679	17.8%	3129	82.2%	3808	—

其中，中央所属高校院所科技成果转化总合同金额为 1059.6 亿元，比上一年增长 4.1%，占高校院所转化总金额的 59.6%；总合同项数为 145 273 项，比上一年下降 4.7%，占高校院所转化总项数的 25.8%。地方所属高校院所科技成果转化总合同金额为 717.0 亿元，比上一年增长 15.7%，占高校院所转化总金额的 40.4%；总合同项数为 417 609 项，

与上一年基本持平，占高校院所转化总项数的 74.2%。

此外，高等院校科技成果转化总合同金额为 1175.7 亿元，比上一年增长 7.4%，占高校院所转化总金额的 66.2%；总合同项数为 282 468 项，比上一年增长 3.8%，占高校院所转化总项数的 50.2%。科研院所科技成果转化总合同金额为 600.9 亿元，比上一年增长 10.9%，占高校院所转化总金额的 33.8%；总合同项数为 280 414 项，比上一年下降 5.9%，占高校院所转化总项数的 49.8%。

三、以转让、许可、作价投资方式转化科技成果

（一）合同金额和合同项数

一是合同金额略有下降，合同项数明显增长。2022 年，以转让、许可、作价投资方式转化科技成果的合同金额为 242.0 亿元，比上一年下降 0.8%；合同项数为 29 289 项，比上一年增长 23.8%。二是合同金额超过 1 亿元的单位数量明显增长。2022 年，以转让、许可、作价投资方式转化科技成果合同金额超过 1 亿元的高校院所数量为 59 家，比上一年增长 31.1%。三是财政资助项目产生的科技成果转化合同金额明显下降，合同项数明显增长。2022 年，财政资助项目产生的科技成果以转让、许可、作价投资方式转化合同金额为 67.3 亿元，比上一年下降 20.9%；合同项数为 4841 项，比上一年增长 21.3%。其中，中央财政资助项目产生的科技成果转化合同金额为 56.5 亿元，比上一年下降 24.0%；合同项数为 2809 项，比上一年增长 13.2%。

（二）平均合同金额

2022 年，以转让、许可、作价投资方式转化科技成果的平均合同

金额为 82.6 万元，比上一年下降 19.9%。其中，以转让方式转化科技成果的平均合同金额为 60.8 万元，比上一年增长 0.4%；以许可方式转化科技成果的平均合同金额为 77.5 万元，比上一年下降 24.8%；以作价投资方式转化科技成果的平均合同金额为 906.0 万元，比上一年下降 28.1%，是转让方式平均合同金额的 14.9 倍，是许可方式平均合同金额的 11.7 倍。

（三）奖励

一是现金和股权奖励金额有所下降。2022 年，个人获得的现金和股权奖励金额达 72.6 亿元，比上一年下降 10.6%。其中，现金奖励金额为 49.7 亿元，比上一年增长 10.2%；股权奖励金额为 22.9 亿元，比上一年下降 36.5%。二是研发与转化主要贡献人员获得的奖励金额有所下降。奖励总金额达 65.6 亿元，比上一年下降 10.7%，占奖励个人总金额（72.6 亿元）的 90.4%。三是奖励人次有所增长。现金和股权奖励科研人员 8.8 万人次，比上一年增长 14.8%。

（四）转化流向

一是制造业领域成果转化最为活跃（以合同金额计，下同）。2022 年，转化至制造业的合同金额为 95.1 亿元，占转让、许可、作价投资总合同金额的 39.3%。二是科技成果主要转化至中小微其他企业。转化至中小微其他企业的合同金额为 166.6 亿元，占转让、许可、作价投资总合同金额的 68.8%。三是产出科技成果合同金额排名前 3 位的省份是上海市、北京市、江苏省，承接科技成果合同金额排名前 3 位的省份是上海市、北京市、江苏省。

四、以技术开发、咨询、服务方式转化科技成果

一是合同金额有所增长，合同项数略有下降。2022 年，以技术开发、咨询、服务方式转化科技成果的合同金额为 1534.5 亿元，比上一年增长 10.0%，占成果转化总合同金额的 86.4%；合同项数为 533 593 项，比上一年下降 2.3%，占成果转化总合同项数的 94.8%。二是合同金额超过 1 亿元的单位数量有所增长。2022 年，以技术开发、咨询、服务方式转化科技成果合同金额超过 1 亿元的高校院所数量为 324 家，比上一年增长 11.0%。三是平均合同金额有所增长。2022 年，以技术开发、咨询、服务方式转化科技成果的平均合同金额为 28.8 万元，比上一年增长 12.7%。

第二章
转让、许可、作价投资的进展成效

一、总体情况

科技成果转化活动日益活跃，以转让、许可、作价投资 3 种方式转化科技成果的合同金额略有下降，合同项数明显增长。2022 年，3808家高校院所以转让、许可、作价投资 3 种方式转化科技成果的合同金额为 242.0 亿元，比上一年下降 0.8%；合同项数为 29 289 项，比上一年增长 23.8%（图 1-2-1）。

图 1-2-1　高校院所以转让、许可、作价投资方式转化科技成果的合同金额和合同项数

平均合同金额比上一年有所下降。2022 年，高校院所以转让、许可、作价投资方式转化科技成果的平均合同金额为 82.6 万元，比上一年下降 19.9%，合同金额、合同项数占比分布如图 1-2-2 所示。

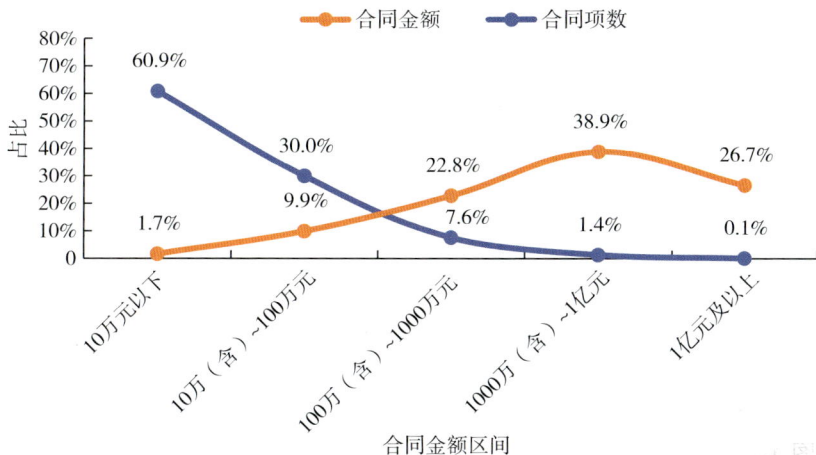

图 1-2-2　高校院所以转让、许可、作价投资方式转化科技成果的
合同金额、合同项数占比分布

合同金额超过 1 亿元的单位数量明显增长。2022 年，以转让、许可、作价投资方式转化科技成果累计合同金额超过 1 亿元的高校院所有 59 家，比上一年增长 31.1%；超过 1000 万元的高校院所有 306 家，这 306 家高校院所的转让、许可、作价投资合同金额占 3808 家高校院所转让、许可、作价投资总合同金额的 92.2%。

转让、许可合同当年到账金额[①]比上一年有所增长。2022 年，高校

[①] "当年到账金额"为当年新签订和往年签订的合同在当年实际到账的总金额。由于科技成果转化合同对执行方式和执行周期的具体约定不同，部分转让、许可合同按执行周期进展分阶段拨付，通常情况下高校院所会基于当年实际到账金额实施奖励。因此，为了能够更加准确地反映科技成果转化产生的实时经济效益，对各单位转让、许可合同的当年到账金额进行了采集。

院所转让、许可合同当年到账金额共计 90.3 亿元，比上一年增长 18.9%
（图 1-2-3）。其中，中央所属高校院所当年到账金额为 60.5 亿元，比
上一年增长 24.6%；地方所属高校院所当年到账金额为 29.8 亿元，比上
一年增长 9.4%。

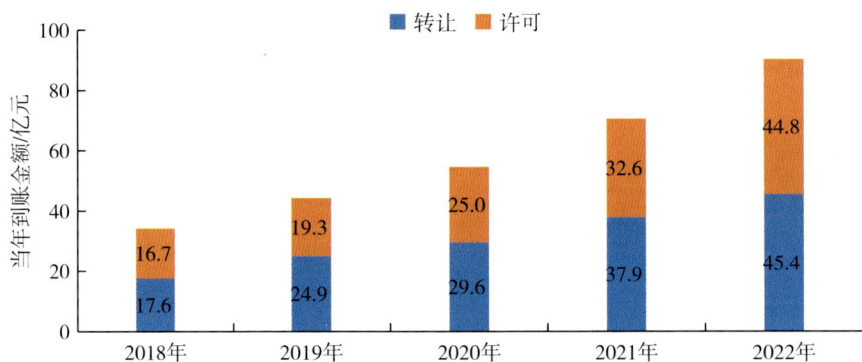

图 1-2-3　高校院所以转让、许可方式转化科技成果的当年到账金额

高价值成果转化效益凸显。2022 年，高校院所以转让、许可、作价
投资 3 种方式转化科技成果单项合同金额 1 亿元及以上的合同有 38 项（表
1-2-1），5000 万元及以上的有 84 项，1000 万元及以上的有 436 项。

表 1-2-1　高校院所单项合同金额 1 亿元及以上的转让、许可、
作价投资成果分布

序号	高校院所名称	转化方式	合同项数 / 项
1	北京大学	转让	1
2	东北大学	许可	1
3	复旦大学	许可	1
4	广州中医药大学	转让	1
5	湖南科技大学	作价投资	1
6	厦门大学	转让	1

续表

序号	高校院所名称	转化方式	合同项数 / 项
7	山东理工大学	作价投资	1
8	上海交通大学	许可	1
		转让	2
9	上海科技大学	许可	1
10	上海微小卫星工程中心	作价投资	1
11	天津中医药大学	转让	1
12	西安微电子技术研究所	作价投资	1
13	浙江大学	许可	1
14	中国工程物理研究院应用电子学研究所	作价投资	1
15	中国航发北京航空材料研究院	许可	1
16	中国航空工业集团公司西安航空计算技术研究所	作价投资	1
17	中国疾病预防控制中心	转让	1
18	中国疾病预防控制中心病毒病预防控制所	转让	1
19	中国科学技术大学	转让	1
20	中国科学院大连化学物理研究所	转让	1
21	中国科学院动物研究所	许可	1
22	中国科学院力学研究所	作价投资	1
23	中国科学院上海药物研究所	转让	3
24	中国科学院上海有机化学研究所	转让	1
25	中国科学院天津工业生物技术研究所	转让	1
26	中国科学院微生物研究所	许可	1
27	中国药科大学	转让	3
28	中国医学科学院药物研究所	转让	2
29	中南大学	转让	1
		作价投资	1
30	中山大学	转让	1

　　将单项合同金额超过 1 亿元的科技成果按转化至单位所在地区来看[①]，其中 32 项转化至东部地区（上海市 11 项、北京市 5 项、江苏省 7 项、浙江省 3 项、山东省 3 项、天津市 1 项、广东省 2 项），3 项转化至中部地区（湖南省 2 项、河南省 1 项），2 项转化至西部地区（陕西省 1 项、四川省 1 项），1 项转化至东北地区（辽宁省 1 项）；按转化至单位类型来看，其中 12 项转化至国有企业（6 项转化至大型国有企业、6 项转化至中小微国有企业），26 项转化至其他企业（3 项转化至大型其他企业、23 项转化至中小微其他企业）。

（一）转让、许可、作价投资合同对比

　　从合同金额维度看，转让合同金额明显增长，许可合同金额基本持平，作价投资合同金额明显下降。2022 年，高校院所以转让方式转化科技成果的合同金额为 112.8 亿元，比上一年增长 20.7%；以许可方式转化科技成果的合同金额为 79.0 亿元，与上一年基本持平；以作价投资方式转化科技成果的合同金额为 50.2 亿元，比上一年下降 29.7%（图 1-2-4）。

---

① 　根据国家统计局公布的《东西中部和东北地区划分方法》,本报告中东部、中部、西部、东北地区分别指：东部地区包括北京、天津、河北、上海、江苏、浙江、福建、山东、广东和海南（10 个省份）；中部地区包括山西、安徽、江西、河南、湖北和湖南（6 个省份）；西部地区包括内蒙古、广西、重庆、四川、贵州、云南、西藏、陕西、甘肃、青海、宁夏和新疆（12 个省份）；东北地区包括辽宁、吉林和黑龙江（3 个省份）。

图 1-2-4　高校院所以转让、许可、作价投资方式转化科技成果的合同金额

作价投资方式平均合同金额最高，是转让方式平均合同金额的 14.9 倍，是许可方式平均合同金额的 11.7 倍。2022 年，高校院所以转让方式转化科技成果的平均合同金额为 60.8 万元，比上一年增长 0.4%；以许可方式转化科技成果的平均合同金额为 77.5 万元，比上一年下降 24.8%；以作价投资方式转化科技成果的平均合同金额为 906.0 万元，比上一年下降 28.1%（图 1-2-5）。

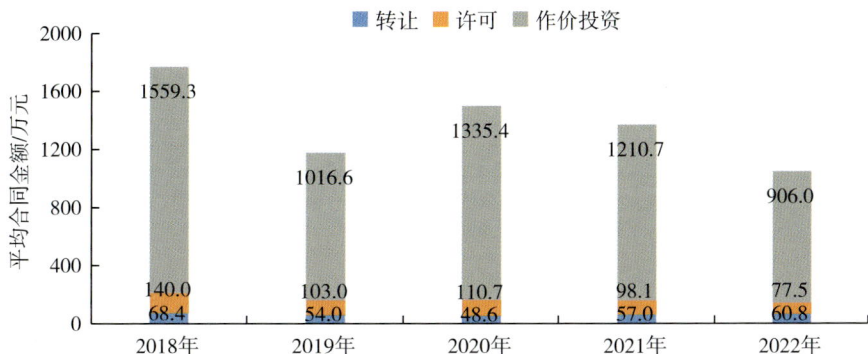

图 1-2-5　高校院所以转让、许可、作价投资方式转化科技成果的平均合同金额

转让合同项数最多，占3种方式总合同项数（29 289 项）的63.3%。2022 年，高校院所以转让方式转化科技成果的合同项数为18 546 项，比上一年增长 20.2%；以许可方式转化科技成果的合同项数为 10 189 项，比上一年增长 32.9%；以作价投资方式转化科技成果的合同项数为 554 项，比上一年下降 2.2%（图 1-2-6）。

图 1-2-6　高校院所以转让、许可、作价投资方式转化科技成果的合同项数

（二）中央所属高校院所转让、许可、作价投资情况

中央所属高校院所合同金额略有下降，合同项数略有增长。2022 年，中央所属高校院所以转让、许可、作价投资 3 种方式转化科技成果的合同金额为 169.2 亿元，比上一年下降 2.8%；合同项数为 6878 项，比上一年增长 6.6%（图 1-2-7）。

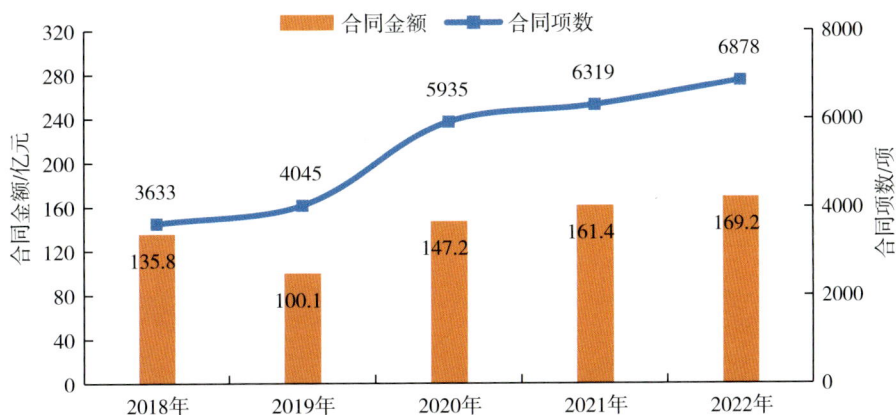

图 1-2-7　中央所属高校院所以转让、许可、作价投资方式转化科技成果的合同
金额和合同项数

（三）地方所属高校院所转让、许可、作价投资情况

地方所属高校院所合同金额略有增长，合同项数明显增长。2022年，地方所属高校院所以转让、许可、作价投资 3 种方式转化科技成果的合同金额为 72.8 亿元，比上一年增长 4.0%；合同项数为 22 411 项，比上一年增长 30.1%（图 1-2-8）。

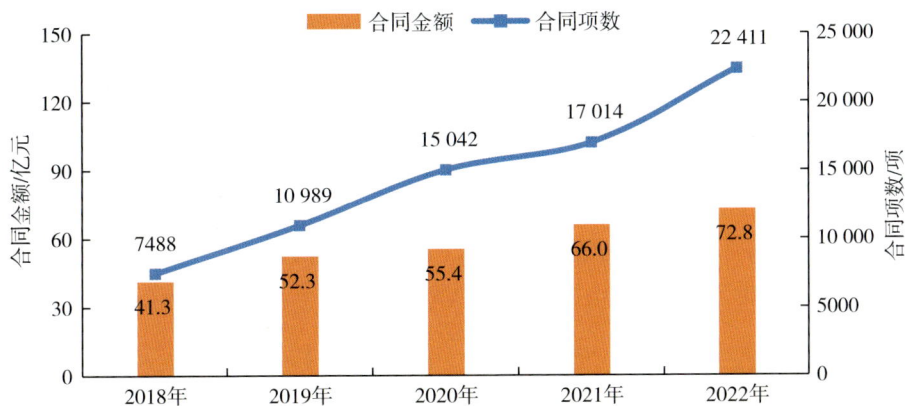

图 1-2-8　地方所属高校院所以转让、许可、作价投资方式转化科技成果的
合同金额和合同项数

2022 年，地方所属高校院所以转让、许可、作价投资方式转化科技成果的合同金额排名前 3 位的省份分别是上海市（9.1 亿元）、山东省（7.7 亿元）、广东省（6.9 亿元）（图 1-2-9）。

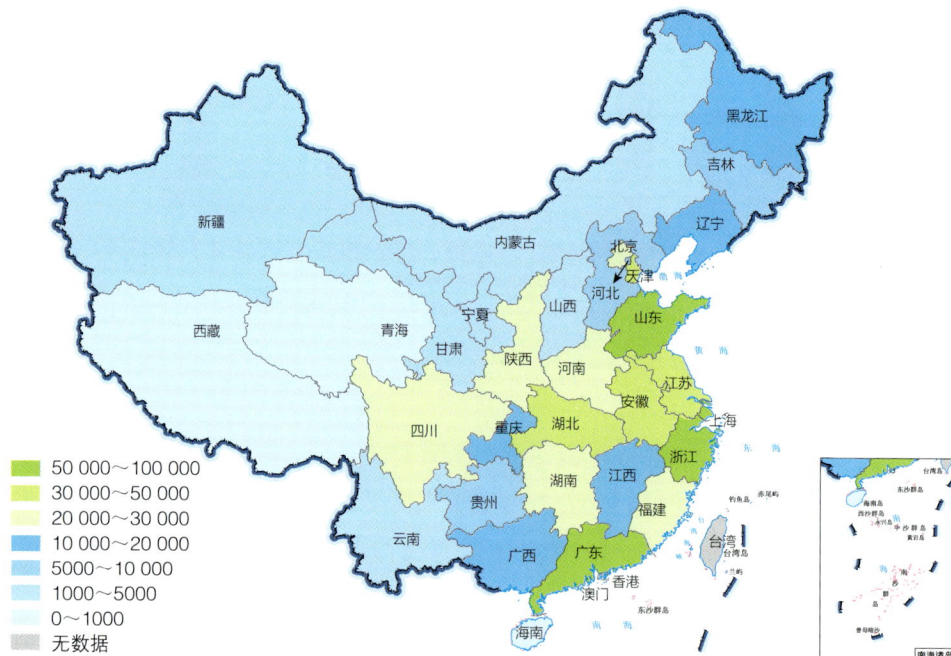

图 1-2-9　地方所属高校院所以转让、许可、作价投资方式转化科技成果的合同金额（单位：万元）区间分布

（四）辖区内高校院所[①]转让、许可、作价投资情况

按照高校院所所在地统计，2022 年各地方辖区内高校院所以转让、许可、作价投资方式转化科技成果合同金额排名前 3 位的省份分别是上海市（55.4 亿元）、北京市（51.8 亿元）、江苏省（17.1 亿元）（图 1-2-10）。

---

① 辖区数据为按照单位所在地统计的数据，是各地方所属单位及其辖区内中央所属单位相应数据的加和。

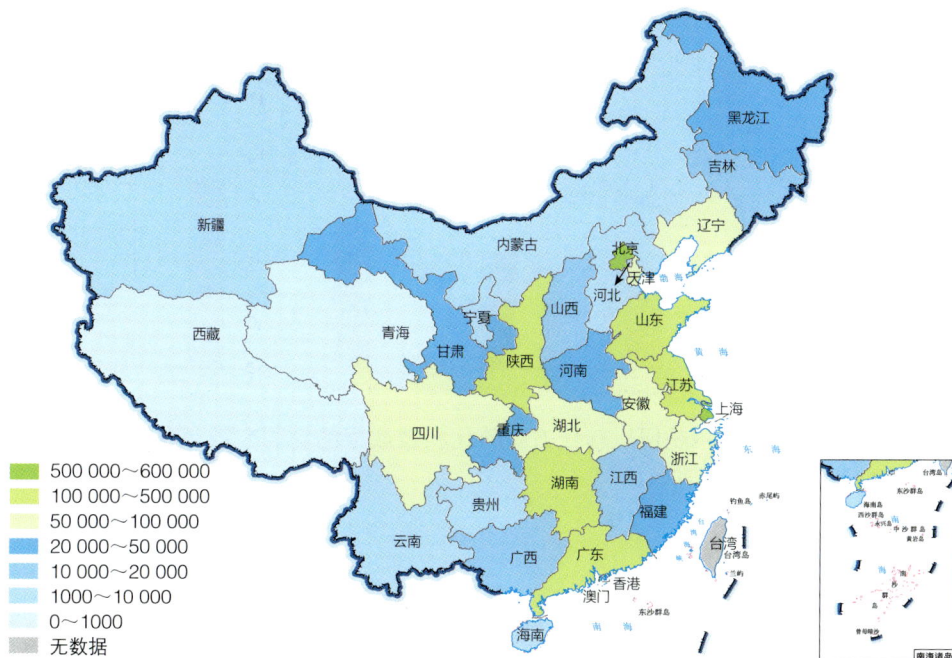

图 1-2-10 各地方辖区内高校院所以转让、许可、作价投资方式转化科技成果的
合同金额（单位：万元）区间分布

二、转让方式

转让合同金额明显增长，合同项数也明显增长。2022 年，高校院所以转让方式转化科技成果的合同金额为 112.8 亿元，比上一年增长 20.7%；合同项数为 18 546 项，比上一年增长 20.2%（图 1-2-11）；平均合同金额为 60.8 万元，比上一年增长 0.4%。

图 1-2-11　高校院所以转让方式转化科技成果的合同金额和合同项数

三、许可方式

许可合同金额基本持平，合同项数明显增长。2022 年，高校院所以许可方式转化科技成果的合同金额为 79.0 亿元，与上一年基本持平；合同项数为 10 189 项，比上一年增长 32.9%（图 1-2-12）；平均合同金额为 77.5 万元，比上一年下降 24.8%。

图 1-2-12　高校院所以许可方式转化科技成果的合同金额和合同项数

四、作价投资方式

作价投资合同金额明显下降，合同项数略有下降。2022 年，高校院所以作价投资方式转化科技成果的合同金额为 50.2 亿元，比上一年下降 29.7%；合同项数为 554 项，比上一年下降 2.2%（图 1-2-13）；平均合同金额为 906.0 万元，比上一年下降 28.1%。

图 1-2-13　高校院所以作价投资方式转化科技成果的合同金额和合同项数

五、科技成果转化定价方式

协议定价方式是科技成果转化的主要定价方式。2022 年，高校院所以转让、许可、作价投资方式转化科技成果的 29 289 项合同中，采用协议定价方式的有 28 063 项，占总数的 95.8%，总合同金额为 218.4 亿元，平均合同金额为 77.8 万元；采用拍卖方式的有 192 项，占总数的 0.7%，总合同金额为 1.8 亿元，平均合同金额为 91.7 万元；采用挂牌交易方式的有 1034 项，占总数的 3.5%，总合同金额为 21.9 亿元，平均合同金额为 211.7 万元（图 1-2-14）。

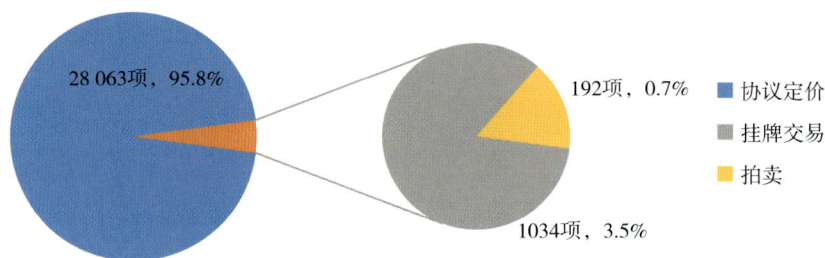

图 1-2-14　高校院所以转让、许可、作价投资方式转化科技成果的定价方式

　　科技成果转化定价过程中，经过评估的转化成果为 8588 项，占总数的 29.3%，总合同金额为 133.1 亿元，平均合同金额为 155.0 万元；未经过评估的转化成果为 20 701 项，占总数的 70.7%，总合同金额为 108.9 亿元，平均合同金额为 52.6 万元（图 1-2-15）。

图 1-2-15　高校院所转让、许可、作价投资合同定价过程中的评估情况

六、科技成果转化流向

(一)科技成果承接单位类型 [①]

科技成果主要转化至境内中小微企业。2022 年，高校院所科技成果以转让、许可、作价投资方式转化到境内、境外的合同金额分别是 241.9 亿元、0.1 亿元，占比分别为 99.9%、0.1%（图 1-2-16），科技成果以转让、许可、作价投资方式转化到境内、境外的合同项数分别是 29 270 项、19 项，占比分别为 99.9%、0.1%（图 1-2-17）。

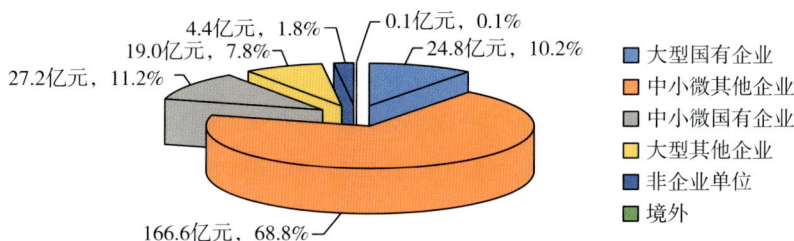

图 1-2-16　高校院所以转让、许可、作价投资方式转化科技成果的承接单位合同金额分布

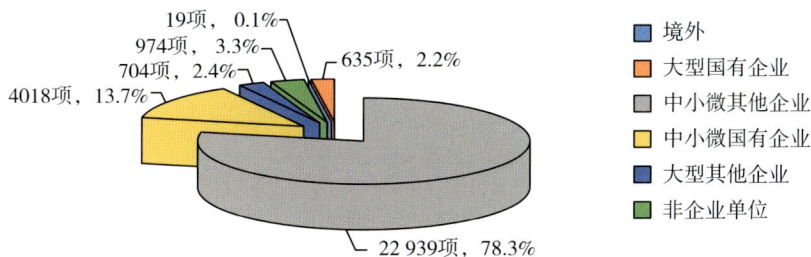

图 1-2-17　高校院所以转让、许可、作价投资方式转化科技成果的承接单位合同项数分布

① "中小微企业"和"大型企业"标准参考《国家统计局关于印发统计上大中小微型企业划分办法的通知》（国统字〔2011〕75 号），"国有企业"标准参考《关于划分企业登记注册类型的规定调整的通知》（国统字〔2011〕86 号），非国有企业归类为"其他企业"。

　　在境内转化的科技成果中，转化至中小微企业、大型企业、非企业单位的科技成果合同金额分别为 193.8 亿元、43.7 亿元、4.4 亿元，分别比上一年增长 4.1%、下降 18.1%、增长 5.5%，占总合同金额的比重分别为 80.1%、18.1%、1.8%（图 1-2-18）；转化至中小微企业、大型企业、非企业单位的科技成果合同项数分别为 26 957 项、1339 项、974 项，分别比上一年增长 28.7%、增长 0.4%、下降 29.6%，占总合同项数的比重分别为 92.0%、4.6%、3.3%（图 1-2-19）。

图 1-2-18　高校院所与境内单位签订转让、许可、作价投资合同金额

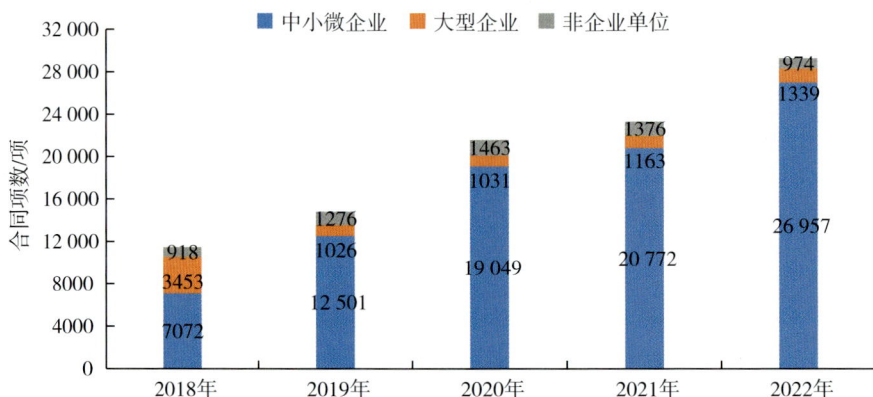

图 1-2-19　高校院所与境内单位签订转让、许可、作价投资合同项数

（二）科技成果承接单位所在地

科技成果转化至上海市的合同金额最高，转化至江苏省的合同项数最多。按照科技成果承接单位所在地统计，2022 年高校院所以转让、许可、作价投资方式转化科技成果至地方合同金额排名前 3 位的省份分别是上海市、北京市、江苏省，科技成果转化合同金额分别为 50.6 亿元、30.5 亿元、27.0 亿元，占以转让、许可、作价投资方式转化科技成果总合同金额的比重分别为 20.9%、12.6%、11.1%（图 1-2-20）。转化科技成果至地方合同项数排名前 3 位的省份分别是江苏省、浙江省、广东省，合同项数分别为 4754 项、2648 项、2625 项。

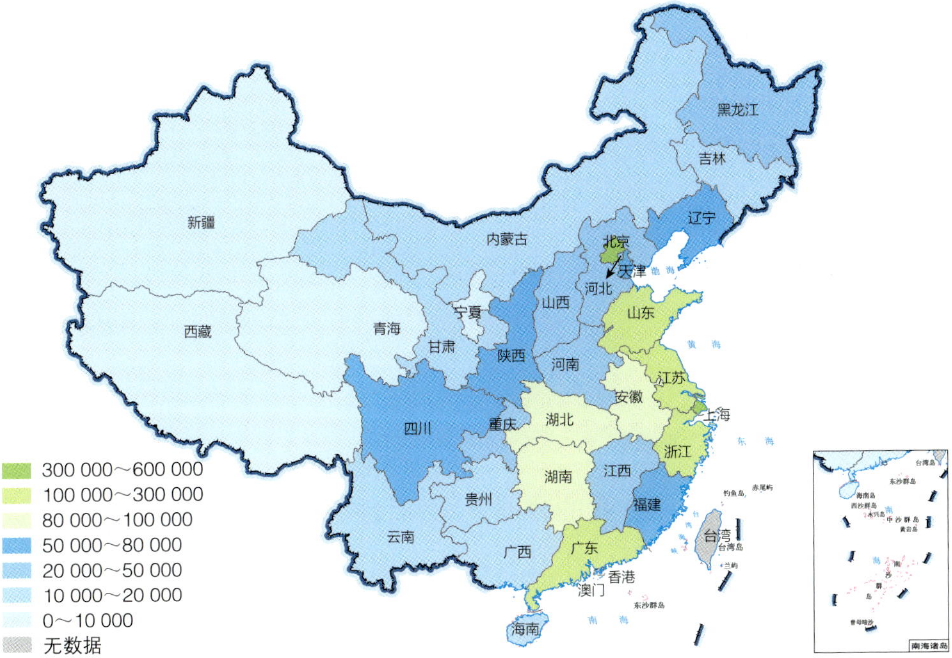

图 1-2-20　高校院所与各地方辖区内单位签订的转让、许可、作价投资合同金额（单位：万元）区间分布

按地方承接科技成果所属行业统计，2022 年承接高校院所以转让、许可、作价投资方式转化的科技成果合同金额排名前 10 位的省份中合同金额最高的行业有 7 个是制造业，1 个是科学研究和技术服务业，1 个是其他，1 个是卫生和社会工作（表 1–2–2）。

表 1–2–2　与高校院所签订转让、许可、作价投资合同金额排名前 10 位的省份

排名	省份	合同金额 / 万元	合同金额最高的行业
1	上海市	506 073.1	制造业
2	北京市	304 774.5	卫生和社会工作
3	江苏省	269 530.2	制造业
4	山东省	180 336.3	制造业
5	广东省	168 074.7	制造业
6	浙江省	150 580.8	制造业
7	湖北省	90 263.6	制造业
8	安徽省	88 752.8	制造业
9	湖南省	81 417.8	其他
10	陕西省	73 198.5	科学研究和技术服务业

（三）科技成果行业领域

科技成果转化至制造业的合同金额和合同项数均最多。按照科技成果应用的行业统计[①]，2022 年高校院所在境内以转让、许可、作价投资

① 按照国民经济行业门类，选取与科技相关性强的 9 个门类作为选项，剩余门类均归为"其他"，包括：①农、林、牧、渔业；②制造业；③电力、热力、燃气及水生产和供应业；④交通运输、仓储和邮政业；⑤信息传输、软件和信息技术服务业；⑥科学研究和技术服务业；⑦水利、环境和公共设施管理业；⑧卫生和社会工作；⑨文化、体育和娱乐业；⑩其他。

方式转化科技成果合同金额排名前 3 位的依次是"制造业""科学研究和技术服务业""卫生和社会工作",其合同金额分别为 95.1 亿元、55.4 亿元、34.5 亿元,占以转让、许可、作价投资方式转化科技成果总合同金额的比重分别为 39.3%、22.9%、14.3%(图 1-2-21);合同项数排名前 3 位的依次是"制造业""科学研究和技术服务业""农、林、牧、渔业",其合同项数分别为 9790 项、5653 项、5411 项。

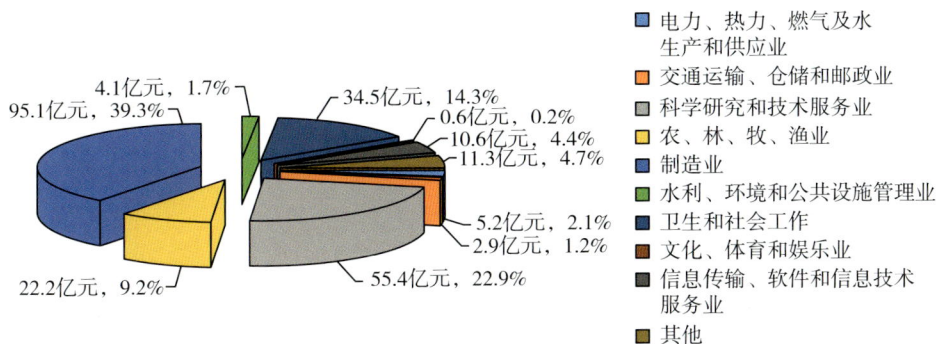

图 1-2-21　高校院所以转让、许可、作价投资方式在境内转化科技成果合同金额的行业分布

(四)本地转化和跨区域转化

50% 以上(按合同金额占比计)科技成果在本地实现转化,服务本地企业,促进本地经济发展。按照高校院所科技成果产出区域和转让、许可、作价投资转化至的区域统计,2022 年在本地实现转化合同金额排名前 3 位的省份是上海市(39.5 亿元)、北京市(26.6 亿元)、江苏省(10.6 亿元)(表 1-2-3)。

表 1-2-3　高校院所与本地方辖区内单位签订转让、许可、作价投资合同金额排
名前 10 位的省份

排名	省份	本地转化合同金额/亿元	占本地产出合同金额的比重	本地转化合同项数/项	占本地产出合同项数的比重
1	上海市	39.5	71.3%	576	52.9%
2	北京市	26.6	51.3%	807	43.3%
3	江苏省	10.6	62.4%	3639	75.8%
4	山东省	8.2	80.1%	1336	66.7%
5	广东省	7.6	70.3%	1422	76.0%
6	湖南省	7.0	58.7%	452	65.5%
7	四川省	5.5	76.0%	669	59.4%
8	陕西省	5.4	51.5%	1032	65.4%
9	湖北省	5.3	53.8%	1455	69.6%
10	安徽省	5.2	73.7%	796	72.6%

　　2022年，本地方辖区内高校院所科技成果以转让、许可、作价投资方式转化到外区域的合同金额为92.3亿元，占总合同金额的38.1%；合同项数为9240项，占总合同项数的31.5%。

　　承接其他地方科技成果合同金额排名前3位的省份是江苏省（16.3亿元）、上海市（11.1亿元）、浙江省（10.2亿元）（图1-2-22）；合同项数排名前3位的省份是广东省（1203项）、江苏省（1115项）、安徽省（1095项）（图1-2-23）。

　　本地方产出科技成果输出至其他地方合同金额排名前3位的省份是北京市（25.2亿元）、上海市（15.9亿元）、江苏省（6.4亿元）（图1-2-22）；合同项数排名前3位的省份是江苏省（1161项）、北京市（1056项）、山东省（666项）（图1-2-23）。

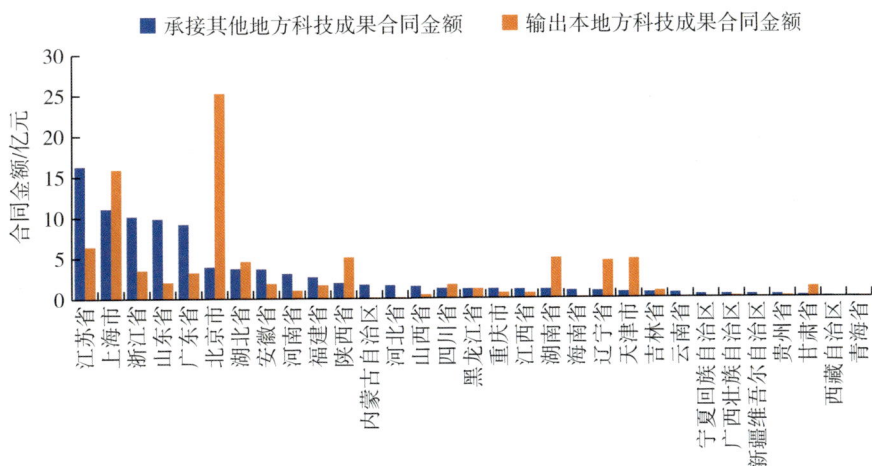

图 1-2-22　各地方承接／输出的高校院所转让、许可、作价投资成果的合同金额

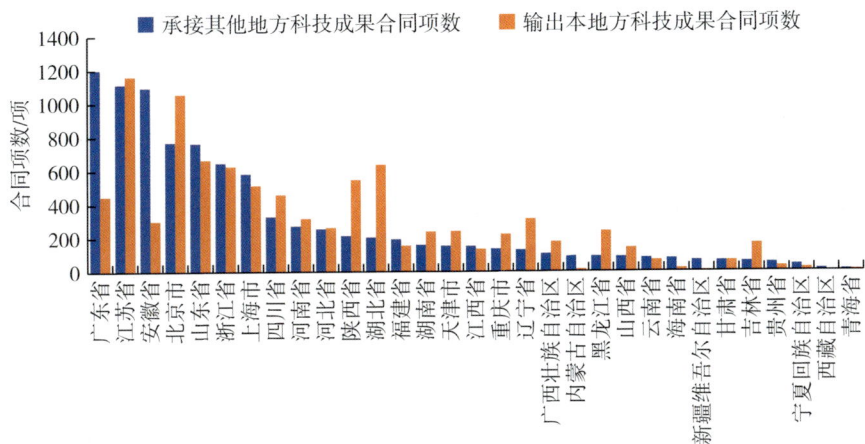

图 1-2-23　各地方承接／输出的高校院所转让、许可、作价投资成果的合同项数

第三章
财政资助项目的科技成果转化

财政资助项目产生的科技成果以转让、许可、作价投资方式转化的合同金额明显下降，合同项数明显增长。其中，中央财政资助项目产生的科技成果转化合同金额明显下降，合同项数有所增长。

一、总体情况

（一）全国财政资助项目[①]成果

全国财政资助项目成果合同金额明显下降，合同项数明显增长。2022年，高校院所以转让、许可、作价投资3种方式转化财政资助项目成果合同金额为67.3亿元，比上一年下降20.9%，占高校院所3种方式转化总合同金额（242.0亿元）的27.8%；合同项数为4841项，比上一年增长21.3%，占高校院所3种方式转化总合同项数（29 289项）的16.5%（图1-3-1）。

---

① 全国财政资助项目包括中央财政资助项目和地方财政资助项目。

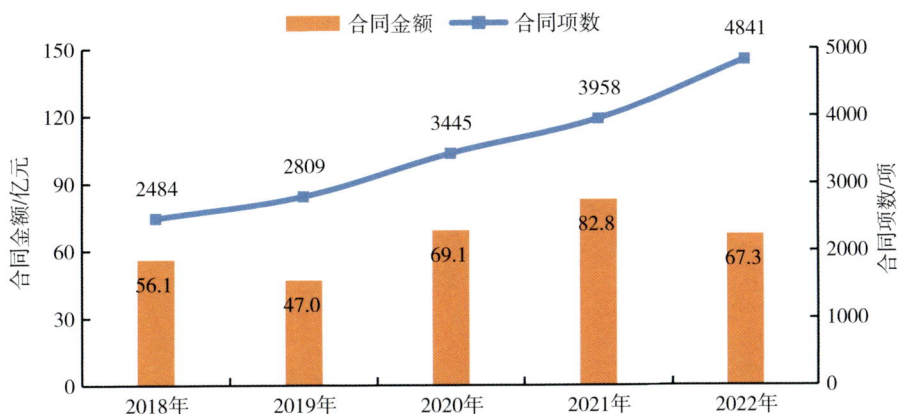

图 1-3-1　高校院所财政资助项目成果以转让、许可、作价投资方式转化的合同
金额和合同项数

（二）中央财政资助项目成果

中央财政资助项目成果合同金额明显下降，合同项数有所增长。2022 年，高校院所以转让、许可、作价投资 3 种方式转化中央财政资助项目成果合同金额为 56.5 亿元，比上一年下降 24.0%，占高校院所全国财政资助项目成果以 3 种方式转化总合同金额（67.3 亿元）的 84.0%；合同项数为 2809 项，比上一年增长 13.2%，占高校院所全国财政资助项目成果以 3 种方式转化总合同项数（4841 项）的 58.0%（图 1-3-2）。

图 1-3-2　高校院所中央财政资助项目成果以转让、许可、作价投资方式转化的
合同金额和合同项数

二、中央所属高校院所

（一）全国财政资助项目成果

中央所属高校院所全国财政资助项目成果合同金额明显下降，合同项数有所增长。2022 年，中央所属高校院所以转让、许可、作价投资3 种方式转化财政资助项目成果合同金额为 49.2 亿元，比上一年下降29.7%，占中央所属高校院所 3 种方式转化总合同金额（169.2 亿元）的29.1%；合同项数为 2216 项，比上一年增长 10.7%，占中央所属高校院所 3 种方式转化总合同项数（6878 项）的 32.2%（图 1-3-3）。

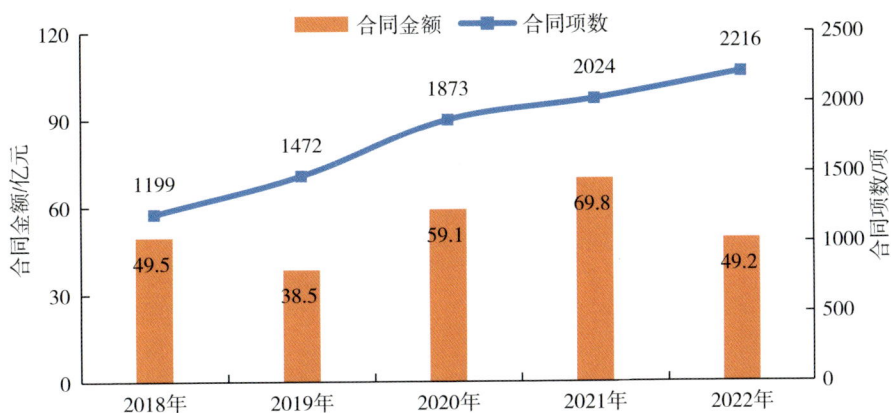

图 1-3-3　中央所属高校院所财政资助项目成果以转让、许可、作价投资方式转化的合同金额和合同项数

（二）中央财政资助项目成果

中央所属高校院所中央财政资助项目成果合同金额明显下降，合同项数有所增长。2022 年，中央所属高校院所以转让、许可、作价投资 3 种方式转化中央财政资助项目成果合同金额为 44.1 亿元，比上一年下降 31.5%，占中央所属高校院所全国财政资助项目成果以 3 种方式转化总合同金额（49.2 亿元）的 89.6%；合同项数为 1905 项，比上一年增长 13.3%，占中央所属高校院所全国财政资助项目成果以 3 种方式转化总合同项数（2216 项）的 86.0%（图 1-3-4）。

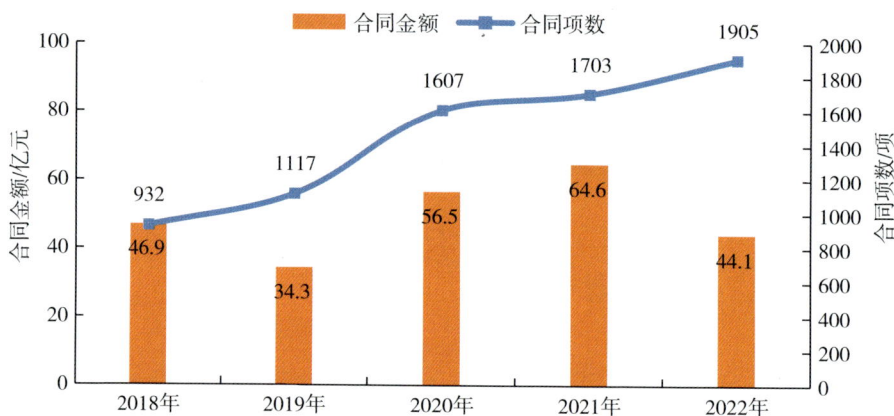

图1-3-4 中央所属高校院所中央财政资助项目成果以转让、许可、作价投资方式转化的合同金额和合同项数

三、地方所属高校院所

（一）全国财政资助项目成果

地方所属高校院所全国财政资助项目成果合同金额明显增长，合同项数也明显增长。2022年，地方所属高校院所以转让、许可、作价投资3种方式转化财政资助项目成果合同金额为18.1亿元，比上一年增长25.9%，占地方所属高校院所3种方式转化总合同金额（72.8亿元）的24.8%；合同项数为2625项，比上一年增长32.4%，占地方所属高校院所3种方式转化总合同项数（22 411项）的11.7%（图1-3-5）。

2022年，地方所属高校院所全国财政资助项目成果以转让、许可、作价投资3种方式转化的合同金额排名前3位的是广东省（3.2亿元）、山东省（2.0亿元）、湖南省（1.8亿元）（图1-3-6）。

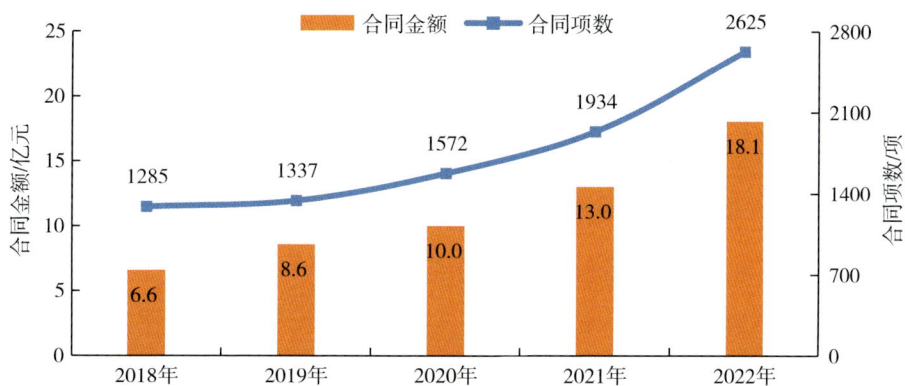

图 1-3-5　地方所属高校院所财政资助项目成果以转让、许可、作价投资方式转化的合同金额和合同项数

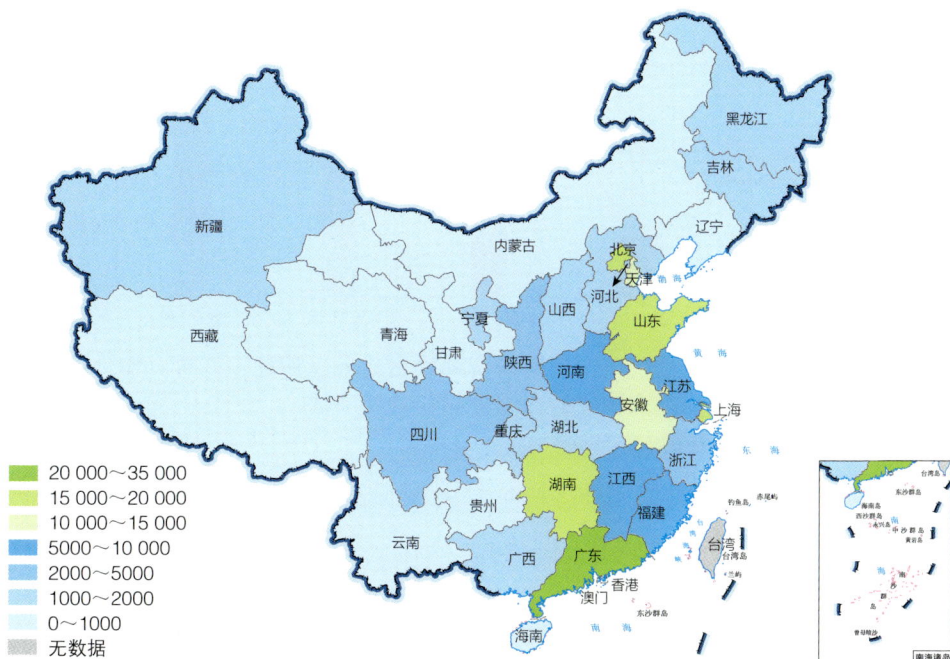

图 1-3-6　地方所属高校院所财政资助项目成果以转让、许可、作价投资方式转化的合同金额（单位：万元）区间分布

（二）中央财政资助项目成果

地方所属高校院所中央财政资助项目成果合同金额明显增长，合同项数有所增长。2022年，地方所属高校院所以转让、许可、作价投资3种方式转化中央财政资助项目成果合同金额为12.4亿元，比上一年增长28.6%，占地方所属高校院所全国财政资助项目成果以3种方式转化总合同金额（18.1亿元）的68.6%；合同项数为904项，比上一年增长12.8%，占地方所属高校院所全国财政资助项目成果以3种方式转化总合同项数（2625项）的34.4%（图1-3-7）。

图1-3-7 地方所属高校院所中央财政资助项目成果以转让、许可、作价投资方式转化的合同金额和合同项数

2022年，地方所属高校院所中央财政资助项目成果以转让、许可、作价投资3种方式转化的合同金额排名前3位的是广东省（2.9亿元）、山东省（1.8亿元）、湖南省（1.4亿元）（图1-3-8）。

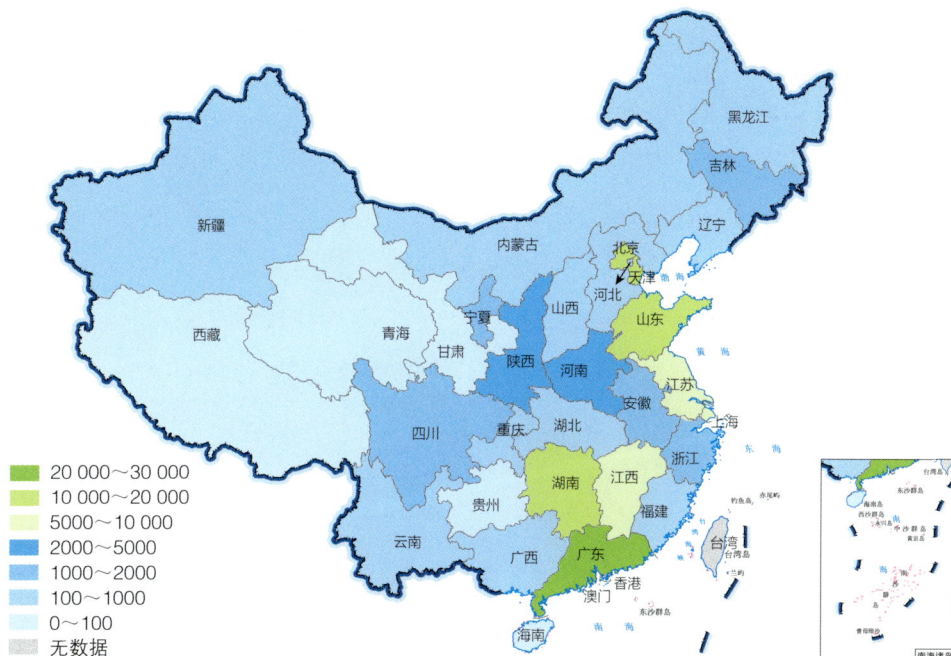

图 1-3-8 地方所属高校院所中央财政资助项目成果以转让、许可、作价投资方式转化的合同金额（单位：万元）区间分布

四、辖区内高校院所

（一）全国财政资助项目成果

按照高校院所所在地统计，2022 年各地方辖区内高校院所全国财政资助项目成果以转让、许可、作价投资 3 种方式转化的合同金额排名前 3 位的是北京市（17.7 亿元）、上海市（12.9 亿元）、广东省（6.8 亿元）（图 1-3-9）。

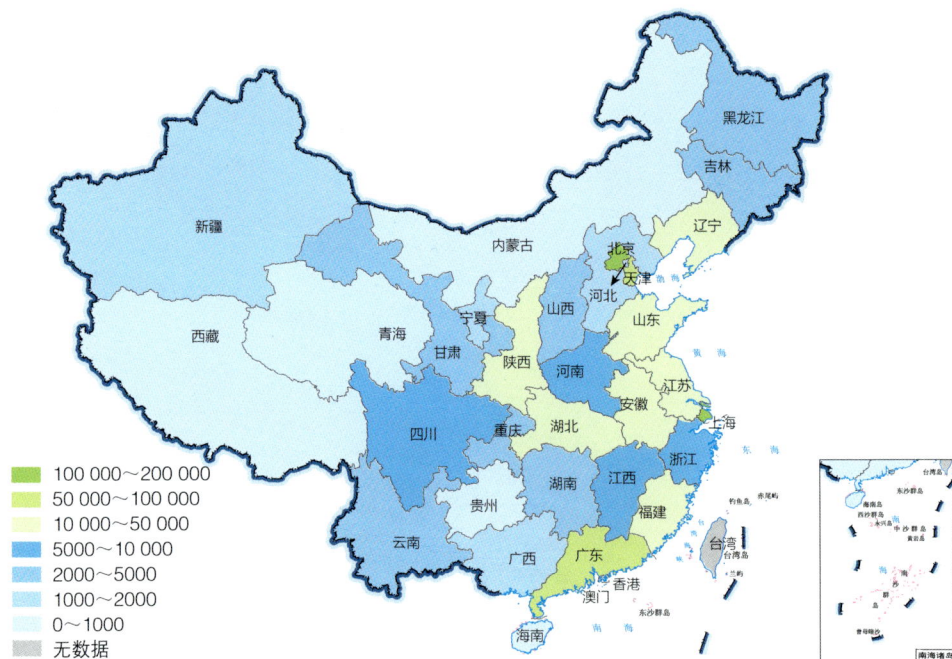

图 1-3-9　各地方辖区内高校院所财政资助项目成果以转让、许可、作价投资方式转化的合同金额（单位：万元）区间分布

（二）中央财政资助项目成果

　　2022 年，各地方辖区内高校院所中央财政资助项目成果以转让、许可、作价投资 3 种方式转化的合同金额排名前 3 位的是北京市（16.4 亿元）、上海市（12.0 亿元）、广东省（6.0 亿元）（图 1-3-10）。

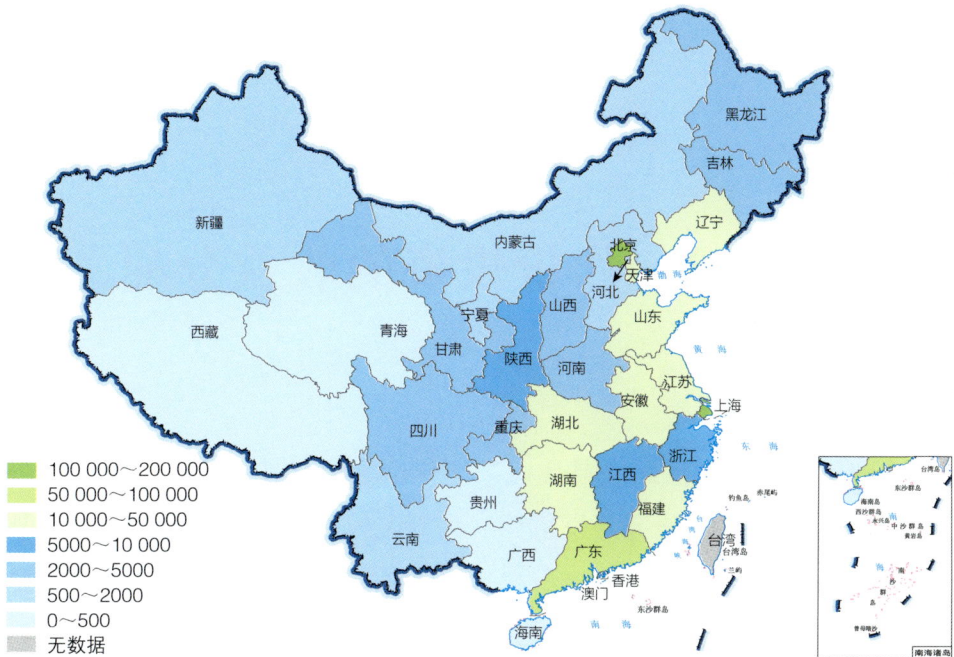

图 1-3-10　各地方辖区内高校院所中央财政资助项目成果以转让、许可、作价投
资方式转化的合同金额（单位：万元）区间分布

第四章
转让、许可、作价投资的收益分配

《中华人民共和国促进科技成果转化法》将科技成果的使用权、处置权和收益权下放到研究开发机构、高等院校，科技成果转化后由科技成果完成单位对完成、转化该项科技成果做出重要贡献的人员给予奖励和报酬。《实施〈中华人民共和国促进科技成果转化法〉若干规定》要求，在研究开发和科技成果转化中做出主要贡献的人员，获得奖励的份额不低于奖励总额的 50%。

一、总体情况

（一）现金和股权合计

个人获得的现金和股权奖励有所下降。2022 年，高校院所个人获得的现金和股权奖励金额为 72.6 亿元，比上一年下降 10.6%，奖励个人金额超过 1 亿元的高校院所有 7 家；研发与转化主要贡献人员获得的现金和股权奖励金额为 65.6 亿元，比上一年下降 10.7%（图 1-4-1）。

2022 年，高校院所个人获得的现金和股权奖励占现金和股权总收入的比重为 60.1%（图 1-4-2），研发与转化主要贡献人员获得的现金和股权奖励占奖励个人金额的比重为 90.4%，符合《中华人民共和国促进科技成果转化法》和《实施〈中华人民共和国促进科技成果转化法〉若干规定》的比重要求。奖励人次为 88 388 人次，比上一年增长 14.8%。

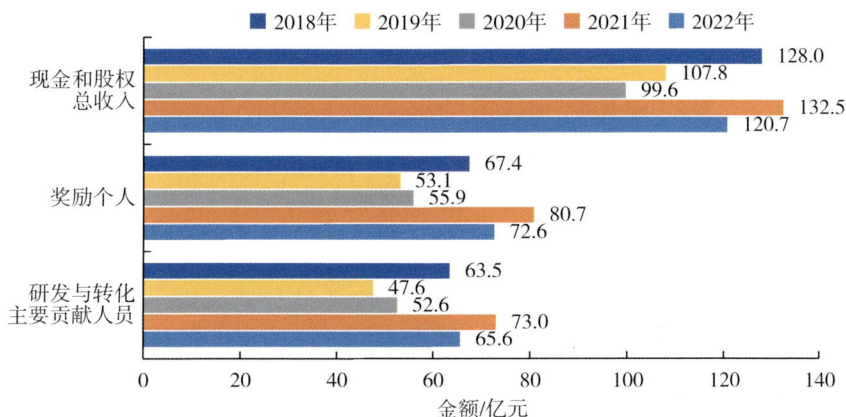

图 1-4-1　高校院所转让、许可、作价投资合同的现金和股权收益分配

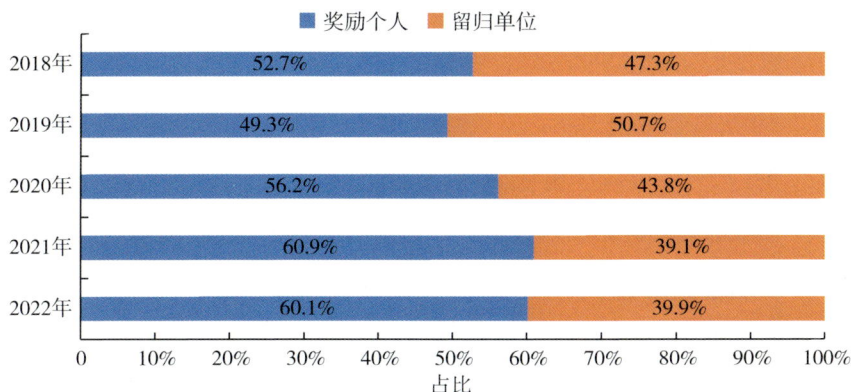

图 1-4-2　高校院所转让、许可、作价投资合同的现金和股权收益分配占比

（二）现金

个人获得的现金奖励有所增长。2022 年，高校院所个人获得的现

金奖励金额为49.7亿元，比上一年增长10.2%，奖励个人金额超过1亿元的高校院所有4家；研发与转化主要贡献人员获得的现金奖励金额为44.4亿元，比上一年增长13.8%（图1-4-3）。

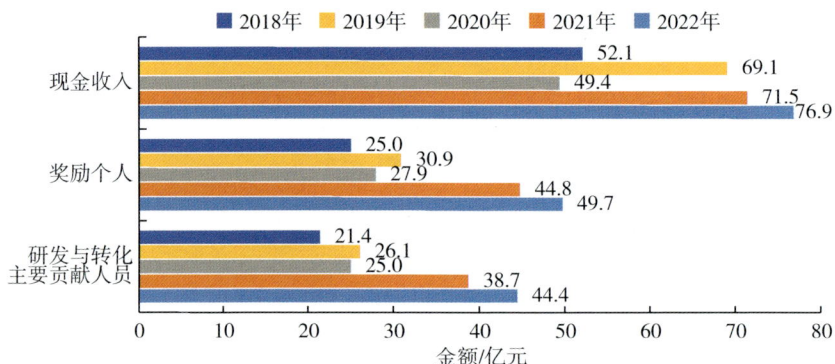

图1-4-3　高校院所转让、许可合同的现金收益分配

2022年，高校院所个人获得的现金奖励占现金收入的比重为64.7%（图1-4-4），研发与转化主要贡献人员获得的现金奖励占奖励个人金额的比重为89.3%。奖励人次为81 080人次，比上一年增长8.3%。

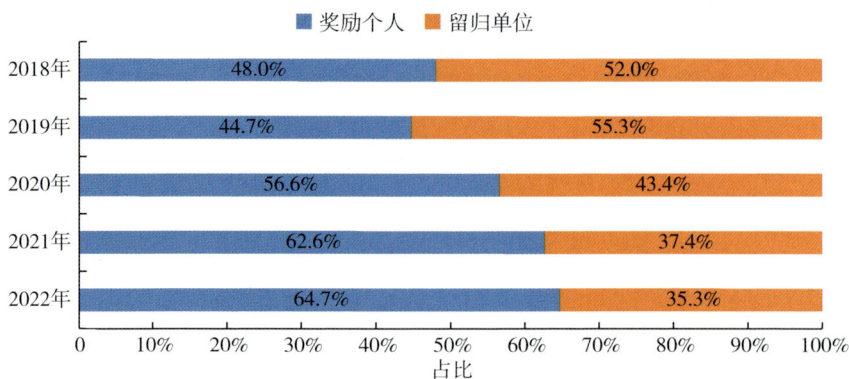

图1-4-4　高校院所转让、许可合同的现金收益分配占比

二、中央所属高校院所

（一）现金和股权合计

中央所属高校院所个人获得的现金和股权奖励明显下降。2022 年，中央所属高校院所个人获得的现金和股权奖励金额为 45.6 亿元，比上一年下降 20.4%；研发与转化主要贡献人员获得的现金和股权奖励金额为 41.6 亿元，比上一年下降 19.0%（图 1-4-5）。

2022 年，中央所属高校院所个人获得的现金和股权奖励占现金和股权总收入的比重为 54.6%（图 1-4-6），研发与转化主要贡献人员获得的现金和股权奖励占奖励个人金额的比重为 91.4%。奖励人次为 30 936 人次，比上一年增长 25.8%。

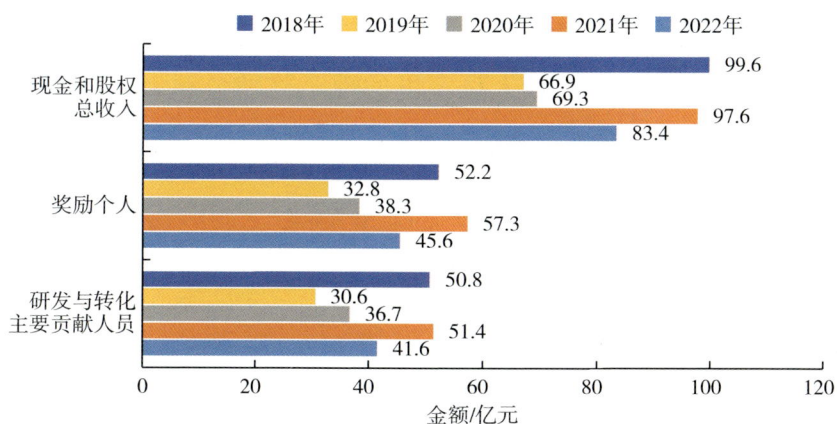

图 1-4-5　中央所属高校院所转让、许可、作价投资合同的现金和股权收益分配

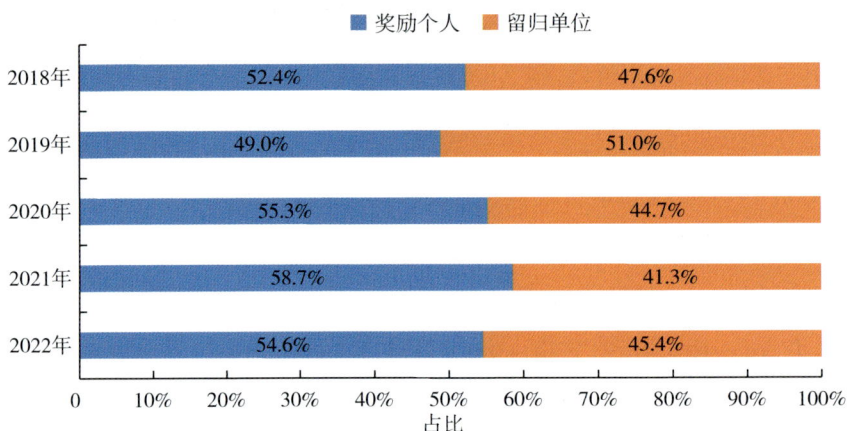

图 1-4-6　中央所属高校院所转让、许可、作价投资合同的现金和
股权收益分配占比

（二）现金

中央所属高校院所个人获得的现金奖励略有增长。2022 年，中央所属高校院所个人获得的现金奖励金额为 31.3 亿元，比上一年增长 7.7%；研发与转化主要贡献人员获得的现金奖励金额为 27.7 亿元，比上一年增长 11.5%（图 1-4-7）。

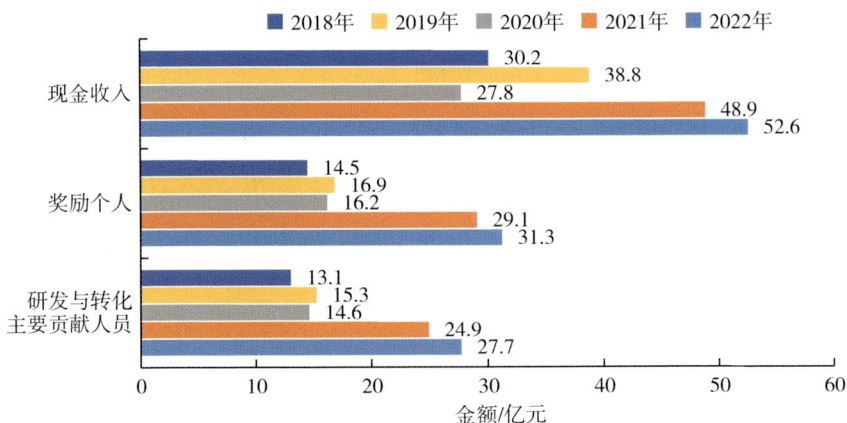

图 1-4-7　中央所属高校院所转让、许可合同的现金收益分配

2022 年，中央所属高校院所个人获得的现金奖励占现金收入的比重为 59.5%（图 1-4-8），研发与转化主要贡献人员获得的现金奖励占奖励个人金额的比重为 88.7%。奖励人次为 24 717 人次，比上一年增长 7.6%。

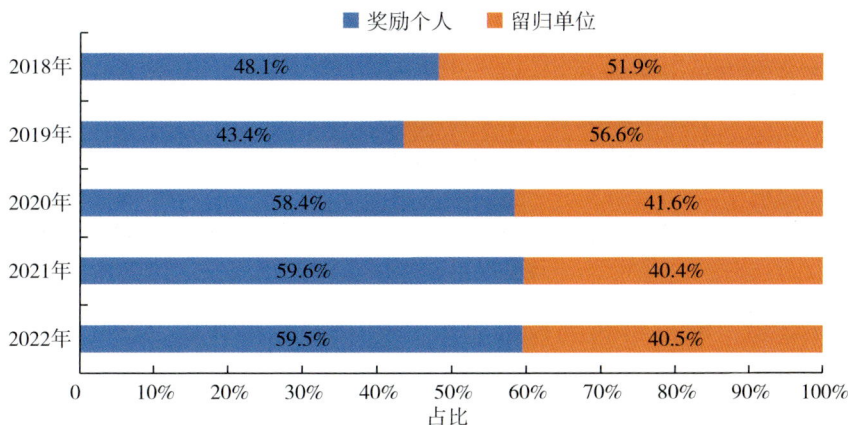

图 1-4-8　中央所属高校院所转让、许可合同的现金收益分配占比

三、地方所属高校院所

（一）现金和股权合计

地方所属高校院所个人获得的现金和股权奖励有所增长。2022 年，地方所属高校院所个人获得的现金和股权奖励金额为 27.1 亿元，比上一年增长 13.1%；研发与转化主要贡献人员获得的现金和股权奖励金额为 24.0 亿元，比上一年增长 9.2%（图 1-4-9）。

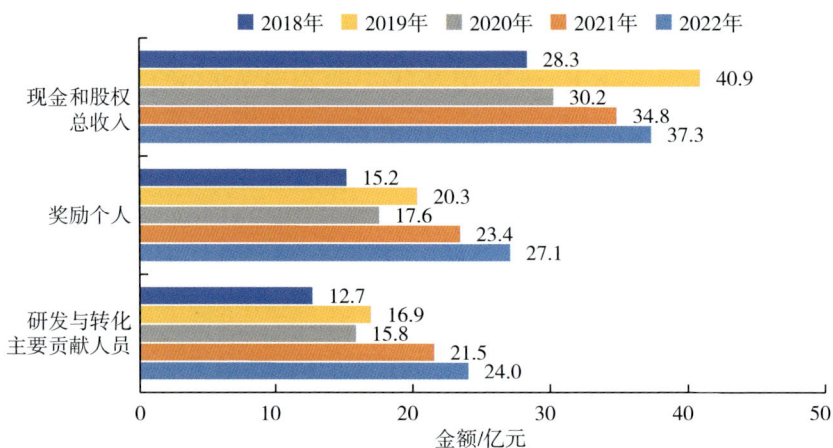

图 1-4-9　地方所属高校院所转让、许可、作价投资合同的现金和股权收益分配

2022 年，地方所属高校院所个人获得的现金和股权奖励占现金和股权总收入的比重为 72.5%（图 1-4-10），研发与转化主要贡献人员获得的现金和股权奖励占奖励个人金额的比重为 88.7%。奖励人次为 57 452 人次，比上一年增长 9.5%。

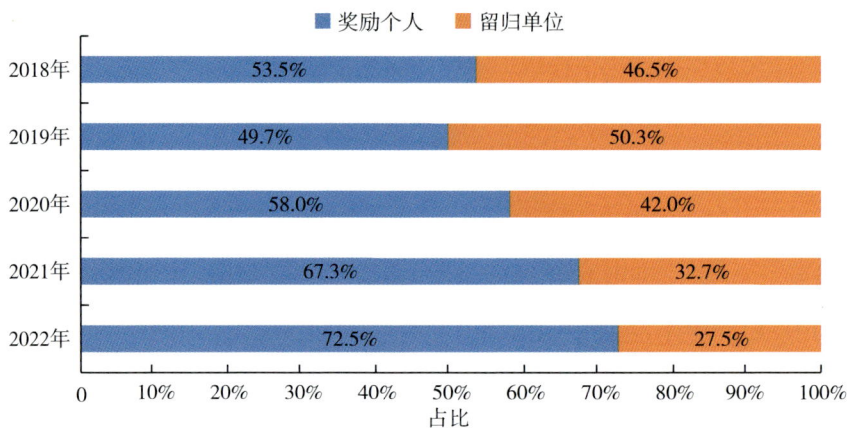

图 1-4-10　地方所属高校院所转让、许可、作价投资合同的现金和股权收益分配占比

2022年，地方所属高校院所当年实际完成分配的现金和股权收入排名前3位的是山东省（4.9亿元）、广东省（3.7亿元）、安徽省（3.4亿元）（图1-4-11）；奖励个人金额排名前3位的是山东省（3.4亿元）、广东省（2.4亿元）、安徽省（2.4亿元）（图1-4-12）；奖励研发与转化主要贡献人员金额排名前3位的是山东省（3.4亿元）、安徽省（2.2亿元）、广东省（2.0亿元）；奖励人次排名前3位的是江苏省（8303人次）、广东省（5540人次）、河南省（4315人次）。

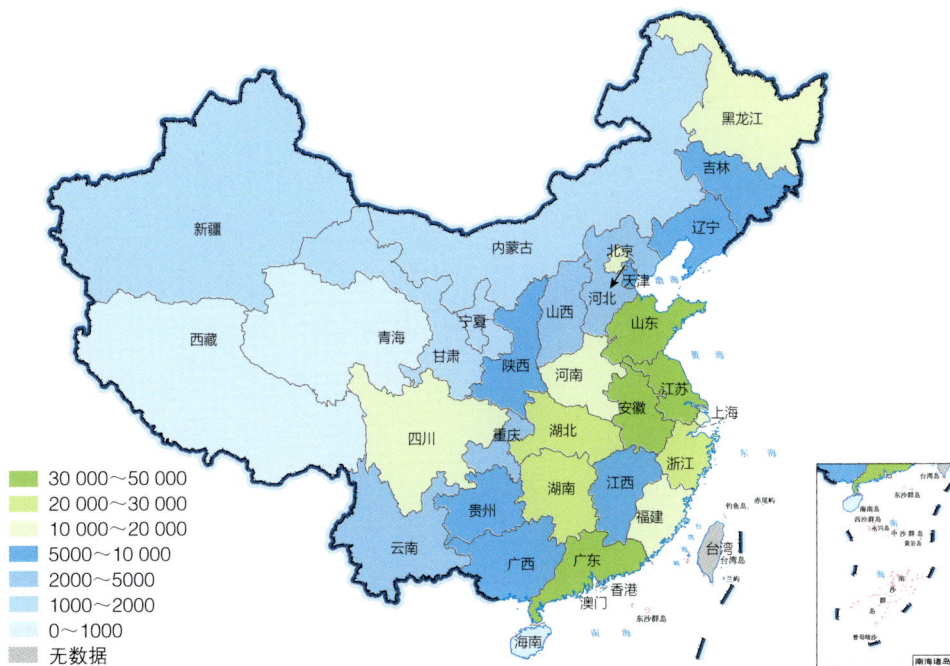

图1-4-11　地方所属高校院所转让、许可、作价投资合同的现金和股权收入（单位：万元）区间分布

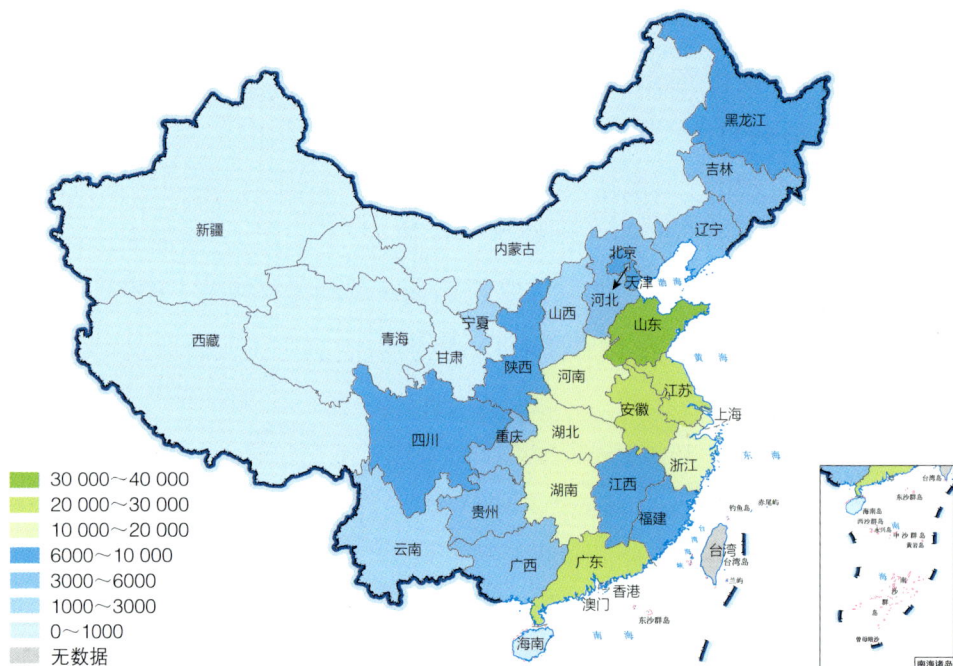

图 1-4-12　地方所属高校院所转让、许可、作价投资合同奖励个人的现金和股权
金额（单位：万元）区间分布

（二）现金

地方所属高校院所个人获得的现金奖励有所增长。2022 年，地方所属高校院所个人获得的现金奖励金额为 18.4 亿元，比上一年增长 14.8%；研发与转化主要贡献人员获得的现金奖励金额为 16.6 亿元，比上一年增长 17.8%（图 1-4-13）。

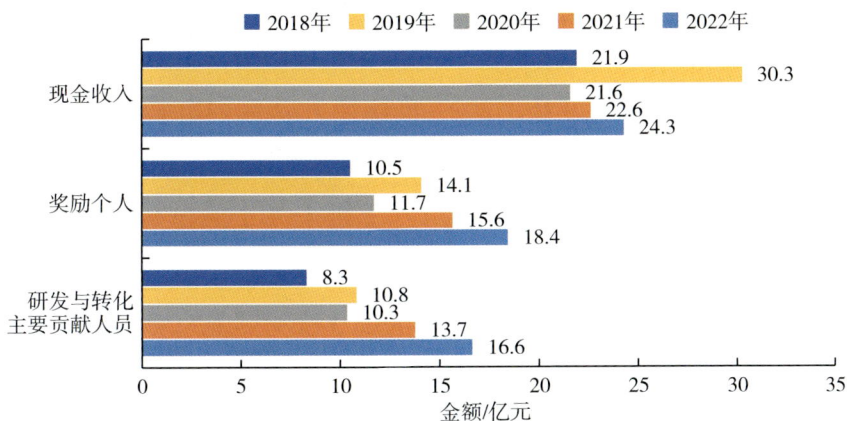

图 1-4-13 地方所属高校院所转让、许可合同的现金收益分配

2022 年，地方所属高校院所个人获得的现金奖励占现金收入的比重为 75.9%（图 1-4-14），研发与转化主要贡献人员获得的现金奖励占奖励个人金额的比重为 90.3%。奖励人次为 56 363 人次，比上一年增长 8.6%。

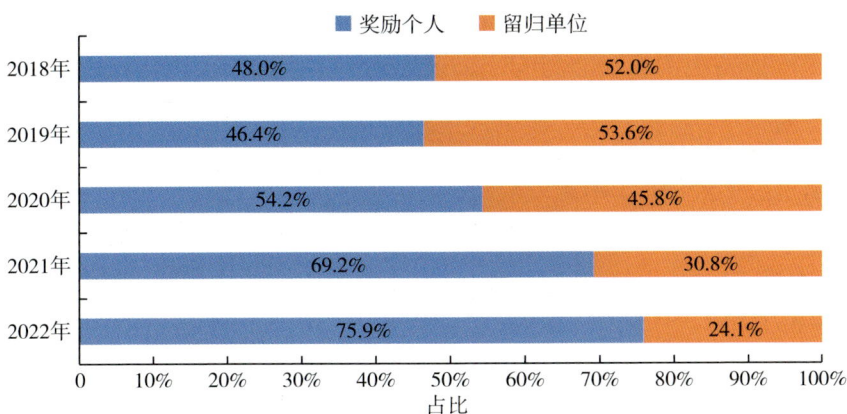

图 1-4-14 地方所属高校院所转让、许可合同的现金收益分配占比

四、辖区内高校院所

按高校院所所在地统计，2022年各地方辖区内高校院所当年实际完成分配的现金和股权收入排名前3位的是北京市（37.3亿元）、湖南省（11.5亿元）、江苏省（7.1亿元）；奖励个人金额排名前3位的是北京市（19.9亿元）、湖南省（8.4亿元）、山东省（5.1亿元）（图1-4-15）；奖励研发与转化主要贡献人员金额排名前3位的是北京市（17.3亿元）、湖南省（7.3亿元）、山东省（5.1亿元）；奖励人次排名前3位的是北京市（14 513人次）、江苏省（13 696人次）、广东省（6331人次）。

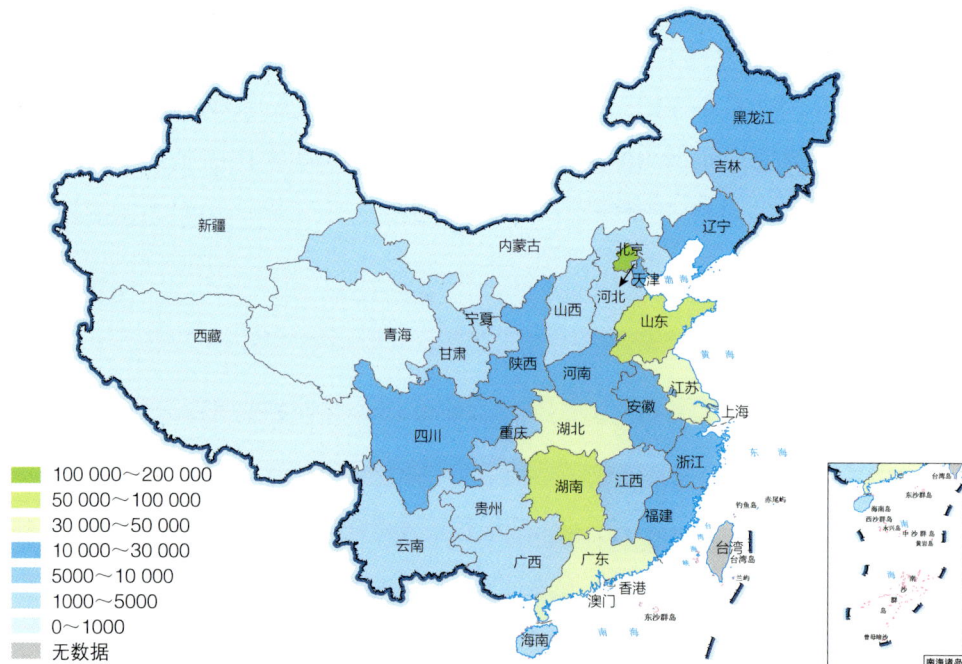

图1-4-15　各地方辖区内高校院所转让、许可、作价投资合同奖励个人的现金和股权金额（单位：万元）区间分布

第五章
技术开发、咨询、服务的进展成效

　　《实施〈中华人民共和国促进科技成果转化法〉若干规定》指出，国家设立的研究开发机构、高等院校按照规定格式报送的科技成果转化年度报告中，应包括签订的技术开发合同、技术咨询合同、技术服务合同等产学研合作情况。统计发现，2022 年 3808 家高校院所输出技术、服务能力不断强化，技术开发、咨询、服务数量和质量稳步提升。

一、总体情况

　　技术开发、咨询、服务合同金额有所增长，合同项数略有下降，当年到账金额略有增长。2022 年，高校院所签订技术开发、咨询、服务合同金额为 1534.5 亿元，比上一年增长 10.0%，占高校院所以转让、许可、作价投资和技术开发、咨询、服务 6 种方式转化科技成果总合同金额的 86.4%（2021 年占比为 85.6%）（图 1-5-1）；合同项数为 533 593 项，比上一年下降 2.3%，占高校院所以 6 种方式转化科技成果总合同项数的 94.8%（2021 年占比为 95.9%）（图 1-5-2）；当年到账金额为 1048.2 亿元，比上一年增长 8.2%。

图 1-5-1　高校院所以多种方式转化科技成果的合同金额

图 1-5-2　高校院所以多种方式转化科技成果的合同项数

　　平均合同金额比上一年有所增长。2022年，高校院所以技术开发、咨询、服务方式转化科技成果的平均合同金额为28.8万元，比上一年增长12.7%。表1-5-1给出了高校院所以技术开发、咨询、服务方式转化科技成果的合同金额区间分布。

表 1-5-1　高校院所以技术开发、咨询、服务方式转化科技成果的
合同金额区间分布

合同金额区间	合同项数 / 项	合同项数占比	合同金额 / 万元	合同金额占比
1 亿元（含）以上	24	0.4‰	454 469.37	3.0%
1000 万（含）~1 亿元	920	0.2%	1 699 435.65	11.1%
100 万（含）~1000 万元	24 102	4.5%	5 246 579.36	34.2%
100 万元以下	508 547	95.3%	7 944 891.80	51.8%
总计	533 593	—	15 345 376.18	—

2022 年，高校院所以技术开发、咨询、服务方式转化科技成果单项合同金额 1 亿元及以上的合同有 24 项（表 1-5-2），5000 万元及以上的有 64 项，1000 万元及以上的有 944 项。

表 1-5-2　高校院所以技术开发、咨询、服务方式转化科技成果单项合同金额
1 亿元及以上的成果分布

序号	高校院所名称	合同项数 / 项
1	北京大学	3
2	华东理工大学	1
3	华中科技大学	1
4	青岛科技大学	4
5	清华大学	1
6	清华大学天津高端装备研究院	1
7	粤港澳大湾区数字经济研究院（福田）	1
8	浙江大学	3
9	郑州中科新兴产业技术研究院	1
10	中国地质大学（北京）	1

续表

序号	高校院所名称	合同项数 / 项
11	中国工程物理研究院总体工程研究所	1
12	中国科学院工程热物理研究所	1
13	中国科学院空天信息创新研究院	2
14	中国科学院上海硅酸盐研究所	1
15	中国水利水电科学研究院	1
16	中南大学	1

二、中央所属高校院所

中央所属高校院所技术开发、咨询、服务合同金额略有增长，合同项数略有下降，当年到账金额略有增长。2022 年，中央所属高校院所签订的技术开发、咨询、服务合同金额为 890.4 亿元，比上一年增长 5.5%；合同项数为 138 395 项，比上一年下降 5.2%（图 1–5–3）；当年到账金额为 609.1 亿元，比上一年增长 3.1%。

图 1–5–3　中央所属高校院所签订的技术开发、咨询、服务合同金额和合同项数

三、地方所属高校院所

地方所属高校院所技术开发、咨询、服务合同金额有所增长，合同项数略有下降，当年到账金额有所增长。2022 年，地方所属高校院所签订的技术开发、咨询、服务合同金额共 644.2 亿元，比上一年增长17.2%；合同项数为 395 198 项，比上一年下降 1.3%（图 1-5-4）；当年到账金额为 439.1 亿元，比上一年增长 16.1%。

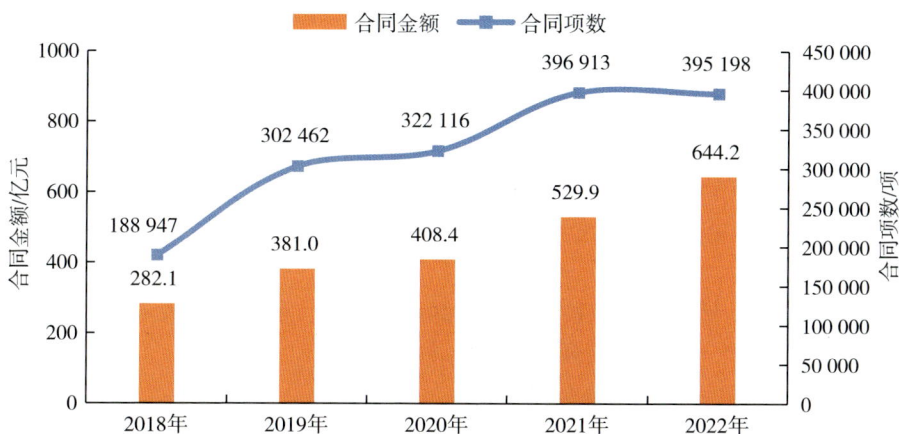

图 1-5-4　地方所属高校院所签订的技术开发、咨询、服务合同金额和合同项数

2022 年，地方所属高校院所签订的技术开发、咨询、服务合同金额排名前 3 位的省份分别是广东省（74.5 亿元）、江苏省（69.1 亿元）、山东省（56.6 亿元）（图 1-5-5），合同项数排名前 3 位的省份分别是广东省（162 986 项）、浙江省（28 599 项）、江苏省（23 765 项）。

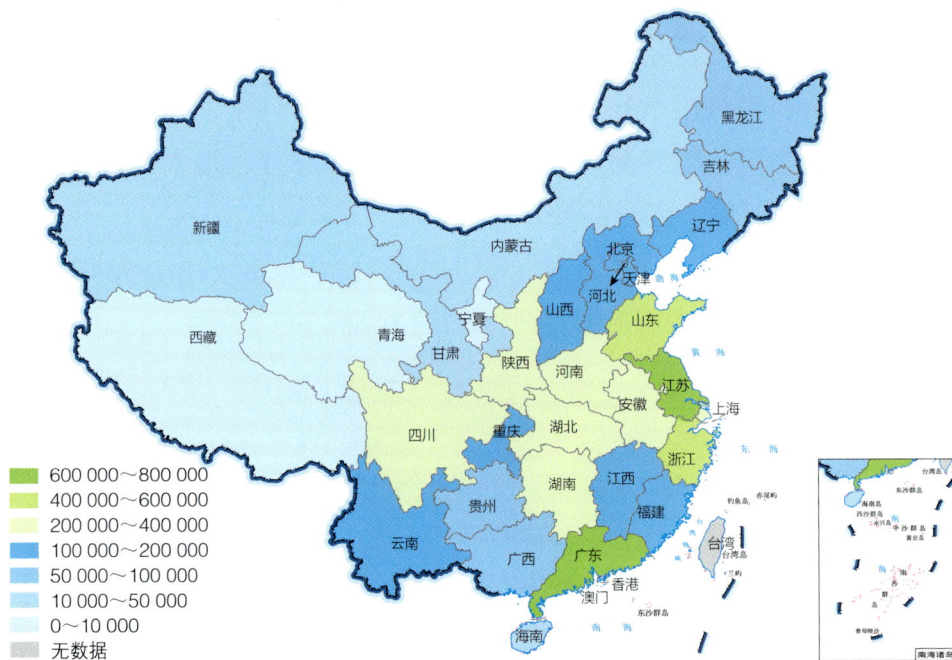

图 1-5-5 地方所属高校院所签订的技术开发、咨询、服务合同金额
（单位：万元）区间分布

四、辖区内高校院所

按照高校院所所在地统计，2022 年各地方辖区内高校院所以技术开发、咨询、服务方式转化科技成果合同金额排名前 3 位的省份分别是北京市（297.7 亿元）、江苏省（164.4 亿元）、广东省（114.2 亿元）（图 1-5-6）；合同项数排名前 3 位的省份分别是广东省（168 826 项）、北京市（45 785 项）、江苏省（39 883 项）。

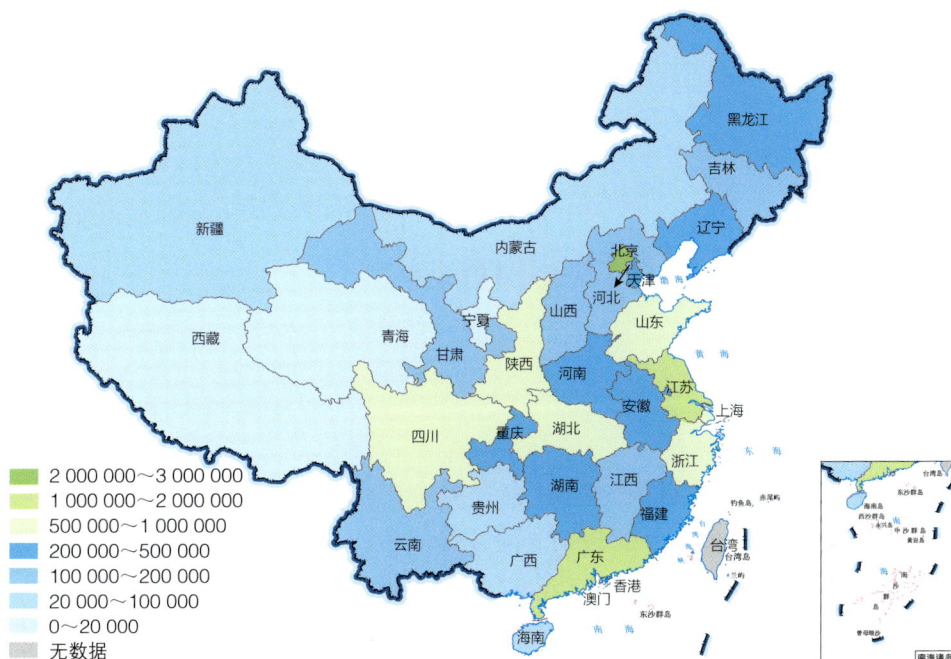

图 1-5-6　各地方辖区内高校院所签订的技术开发、咨询、服务合同金额
（单位：万元）区间分布

第六章
新立项的科技计划项目

科技计划项目是解决经济社会发展中出现的各类科学技术问题的重要手段，2022年新获立项批复的科技计划项目产生的技术是高校院所后续几年进行科技成果转化的重要成果来源。

一、总体情况

2022年，高校院所新获立项批复的科技计划项目（课题）总金额（包括财政资助金额和自筹金额）为2133.1亿元，其中财政资助金额为1913.8亿元，中央财政资助金额为1326.4亿元。新获批和往年获批科技计划项目（课题）在2022年到账金额为1694.3亿元，其中财政资助到账金额为1416.1亿元，中央财政资助到账金额为917.8亿元。

二、中央所属高校院所

2022年，中央所属高校院所新获立项批复的科技计划项目（课题）总金额为1479.4亿元，其中财政资助金额为1338.0亿元，中央财政资助金额为1058.9亿元。新获批和往年获批科技计划项目（课题）在

2022 年到账金额为 1207.1 亿元，其中财政资助到账金额为 979.7 亿元，中央财政资助到账金额为 739.4 亿元。

三、地方所属高校院所

2022 年，地方所属高校院所新获立项批复的科技计划项目（课题）总金额为 653.8 亿元，其中财政资助金额为 575.8 亿元，中央财政资助金额为 267.5 亿元。新获批和往年获批科技计划项目（课题）在 2022 年到账金额为 487.2 亿元，其中财政资助到账金额为 436.4 亿元，中央财政资助到账金额为 178.4 亿元。

四、辖区内高校院所

按照高校院所所在地统计，2022 年各地方辖区内高校院所新获立项批复的科技计划项目（课题）总金额排名前 3 位的省份分别是北京市（573.1 亿元）、上海市（264.0 亿元）、广东省（178.4 亿元）（图 1-6-1）。

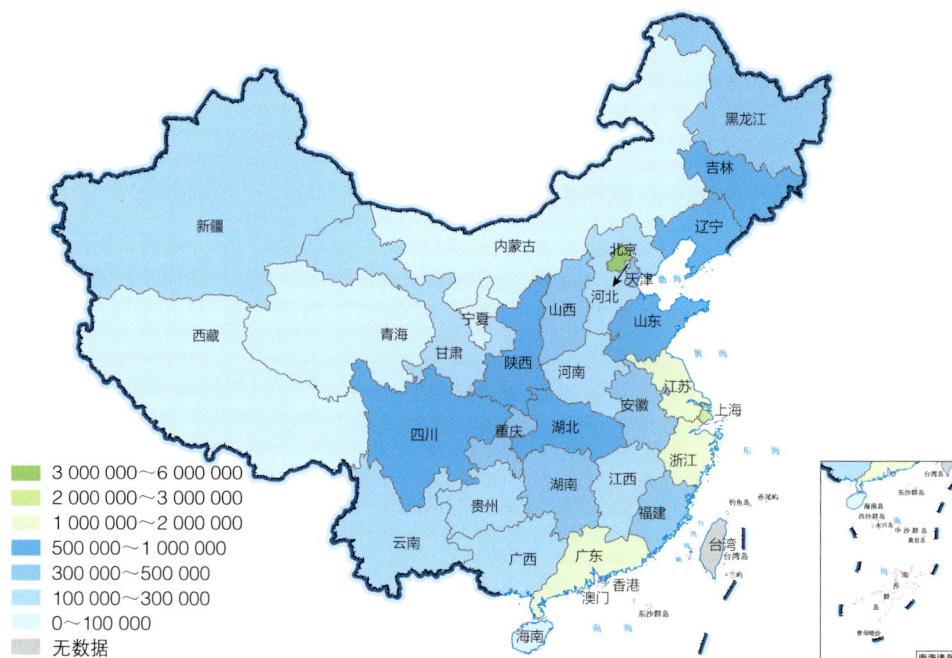

图1-6-1　各地方辖区内高校院所新获立项批复的科技计划项目（课题）
总金额（单位：万元）区间分布

第七章
兼职及离岗创业和创设参股公司

国家鼓励科研人员兼职或离岗创业促进科技成果转化。《中华人民共和国促进科技成果转化法》规定，国家鼓励研究开发机构、高等院校与企业及其他组织开展科技人员交流，根据专业特点、行业领域技术发展需要，聘请企业及其他组织的科技人员兼职从事教学和科研工作，支持本单位的科技人员到企业及其他组织从事科技成果转化活动。《实施〈中华人民共和国促进科技成果转化法〉若干规定》要求，研究开发机构、高等院校应当建立制度规定或者与科技人员约定兼职、离岗从事科技成果转化活动期间和期满后的权利和义务。上述规定为研究开发机构、高等院校的科研人员兼职从事科技成果转化活动和离岗创业提供了重要政策保障。

科技成果转移转化相关协议签订后，科技成果的技术支持和顺利产业化是科技成果转移转化成功的关键。很多高校院所在转化科技成果后，通过创设和参股公司的方式，进一步支持、服务科技成果产业化的后续工作。因此，对创设和参股公司的统计分析，有助于更全面地了解科技成果转化成效。

一、兼职及离岗创业人员

兼职从事科技成果转化和离岗创业人员数量明显增长。截至 2022 年底，高校院所兼职从事科技成果转化和离岗创业人员数量为 18 797 人，比截至上一年底增长 21.3%。其中，中央所属高校院所兼职从事科技成果转化和离岗创业人员数量为 6694 人，比截至上一年底增长 19.5%；地方所属高校院所兼职从事科技成果转化和离岗创业人员数量为 12 103 人，比截至上一年底增长 22.3%（图 1-7-1）。

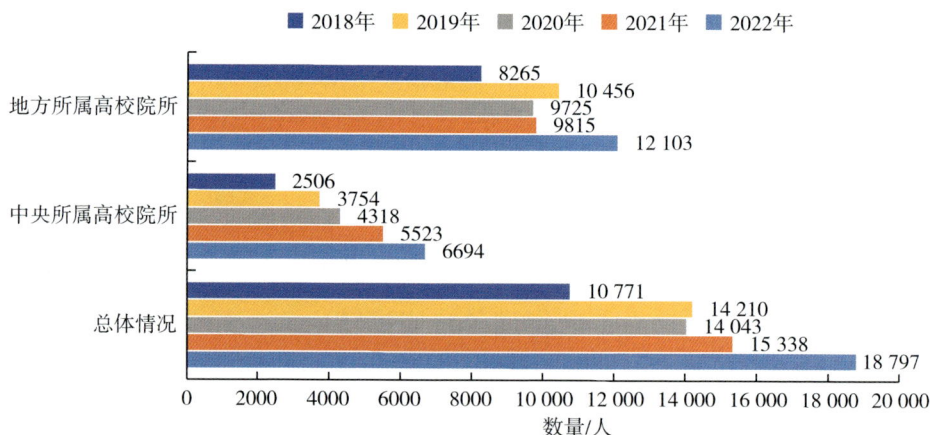

图 1-7-1　高校院所兼职从事科技成果转化和离岗创业人员数量

3808 家高校院所平均每家兼职从事科技成果转化和离岗创业人员数量为 4.9 人，其中中央所属高校院所平均每家兼职从事科技成果转化和离岗创业人员数量为 9.9 人，地方所属高校院所平均每家兼职从事科技成果转化和离岗创业人员数量为 3.9 人。

二、创设和参股公司

创设和参股公司数量明显增长。截至 2022 年底，高校院所创设和参股公司数量为 4551 个，比截至上一年底增长 30.5%。其中，中央所属高校院所创设和参股公司数量为 1593 个，比截至上一年底增长 23.3%；地方所属高校院所创设和参股公司数量为 2958 个，比截至上一年底增长 34.7%（图 1-7-2）。

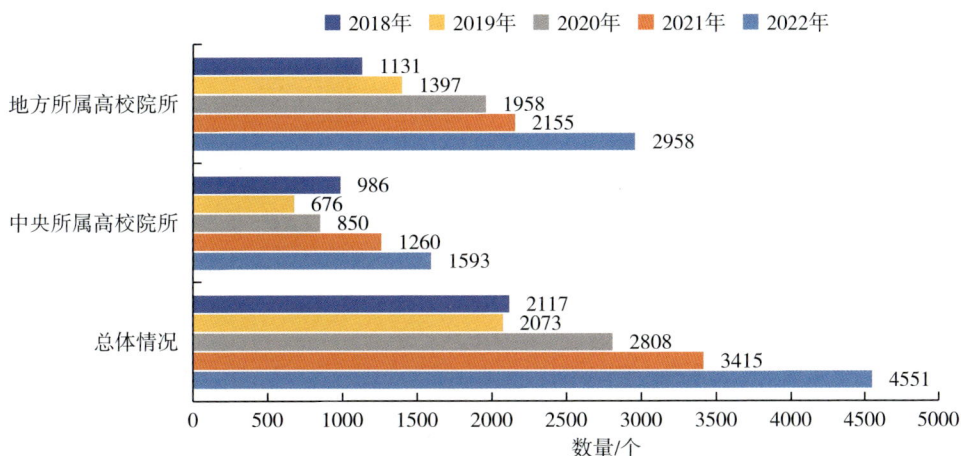

图 1-7-2 高校院所创设和参股公司数量

3808 家高校院所平均每家创设和参股公司数量为 1.2 个，其中中央所属高校院所平均每家创设和参股公司数量为 2.3 个，地方所属高校院所平均每家创设和参股公司数量为 0.9 个。

第八章
技术转移机构与人才建设

　　部分高校院所专门成立了适合自身特点的技术转移机构，科技成果转移转化不断趋向专业化。此外，高校院所与企业共建的研发机构、转移机构和服务平台的数量快速增加，不断吸纳聚合各方资源助力科技成果转移转化。

一、技术转移机构

（一）高校院所自建

　　自建技术转移机构的高校院所占比略有增长。截至 2022 年底，952 家高校院所自建了技术转移机构，占高校院所总数（3808 家）的 25.0%，比截至上一年底增长 7.7%（图 1-8-1）。高校院所累计自建了 2117 个技术转移机构，比截至上一年底增长 10.1%。

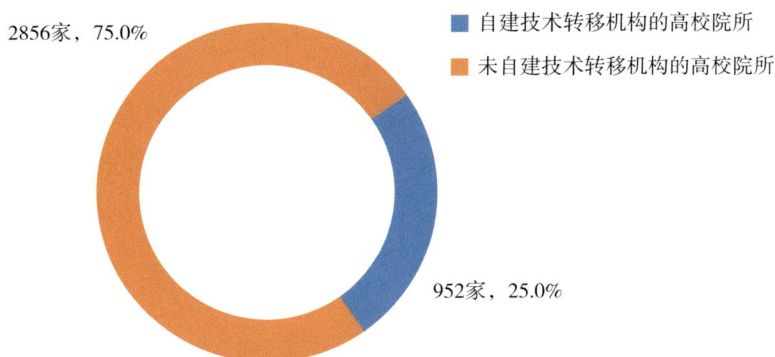

图 1-8-1　自建技术转移机构的高校院所数量和占比情况

（二）与市场化技术转移机构合作

　　截至 2022 年底，986 家高校院所与市场化技术转移机构合作开展科技成果转化，占高校院所总数的 25.9%，比截至上一年底增长 5.2%（图 1-8-2）。高校院所累计与 3964 个市场化技术转移机构合作开展科技成果转化，比截至上一年底增长 8.6%。

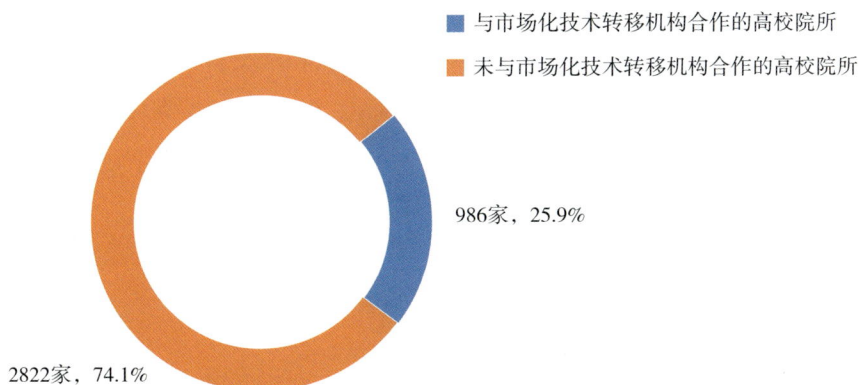

图 1-8-2　与市场化技术转移机构合作的高校院所数量和占比情况

（三）机构作用认可

2022 年，3808 家高校院所中 46.4% 的（共 1766 家）认为技术转移机构在科技成果转移转化过程中发挥重要作用；17.5% 的（共 667 家）认为发挥一般作用；7.6% 的（共 290 家）认为发挥很小作用；28.5% 的（共 1085 家）认为未发挥作用（图 1-8-3）。

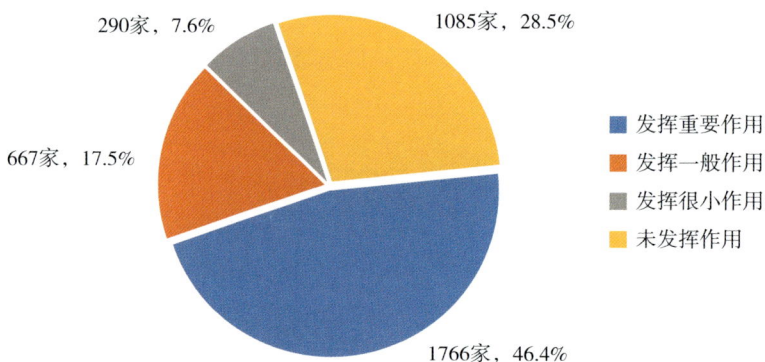

图 1-8-3　高校院所对技术转移机构的作用认可

952 家有自建技术转移机构的高校院所中，77.3% 的（共 736 家）认为技术转移机构在科技成果转移转化过程中发挥重要作用；16.5% 的（共 157 家）认为发挥一般作用；3.6% 的（共 34 家）认为发挥很小作用；2.6% 的（共 25 家）认为未发挥作用（图 1-8-4）。

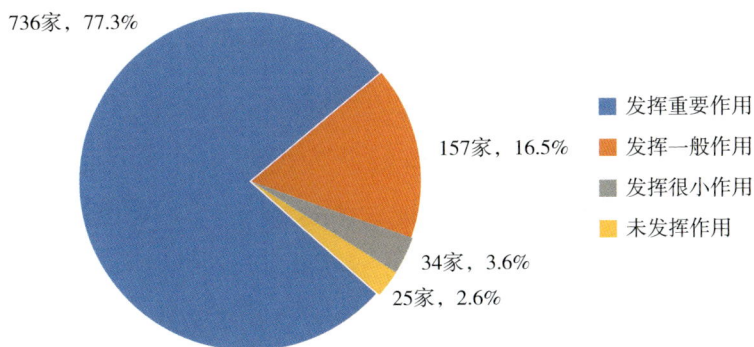

图 1-8-4 有自建技术转移机构的高校院所对技术转移机构的作用认可

二、技术转移人员

截至 2022 年底，1952 家高校院所具有专职从事科技成果转化工作人员，比截至上一年底增长 6.1%，占高校院所总数（3808 家）的 51.3%。高校院所累计拥有 16 159 名专职从事科技成果转化工作人员，人员数量比截至上一年底增长 4.7%（图 1-8-5）。

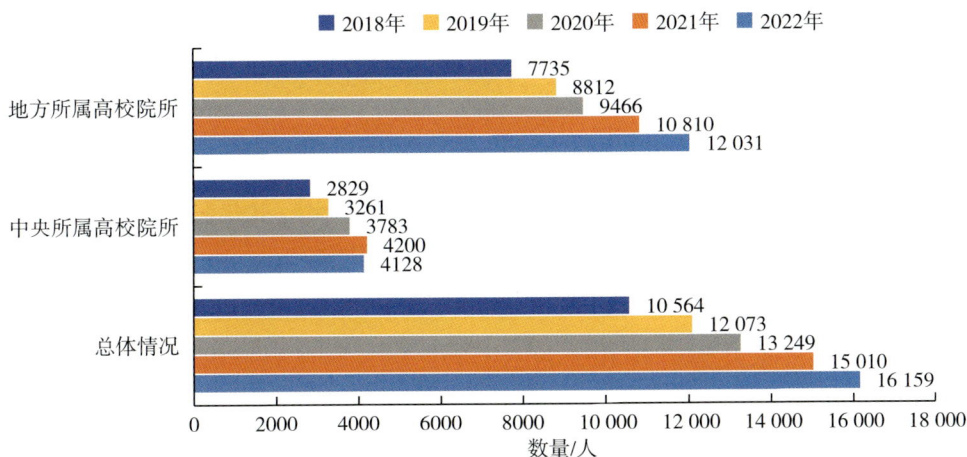

图 1-8-5 高校院所专职从事科技成果转化工作人员数量

三、与企业共建研发机构、转移机构、转化服务平台

高校院所与企业共建研发机构、转移机构、转化服务平台数量明显增长，对促进科技成果和科技研发供需的有效对接发挥了重要作用。截至2022年底，高校院所（1263家）与企业共建研发机构、转移机构、转化服务平台总数为16 441个，比截至上一年底增长23.1%。其中，中央所属高校院所与企业共建3578个，比截至上一年底增长17.2%；地方所属高校院所与企业共建12 863个，比截至上一年底增长24.9%（图1-8-6）。

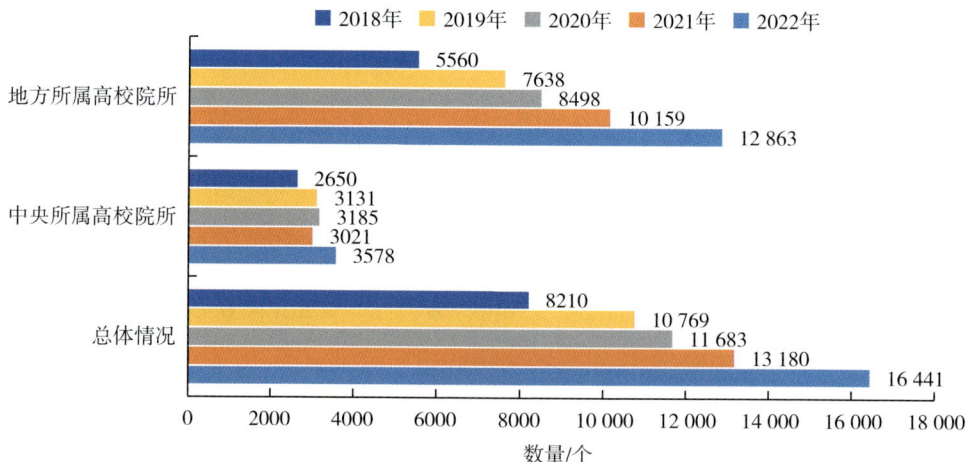

图1-8-6　高校院所与企业共建研发机构、转移机构、转化服务平台数量

3808家高校院所平均每家共建机构和平台4.3个，其中中央所属高校院所平均每家共建机构和平台5.3个，地方所属高校院所平均每家共建机构和平台4.1个。

第二篇

高等院校

第一章
概况

本篇对 2022 年 1524 家高等院校的科技成果转化进展和成效^①进行了研究分析，主要数据如表 2-1-1 所示。

表 2-1-1　高等院校科技成果转化总体进展主要数据

指标名称		2022 年
总体概况	总合同^②项数 / 项	282 468
	总合同金额 / 万元	11 757 093.9
	当年到账金额^③/ 万元	7 530 842.3

---

① 本篇涉及各维度总数（包括图表）分别指 2022 年 1524 家、2021 年 1478 家、2020 年 1433 家、2019 年 1379 家、2018 年 1236 家高等院校相对应总数。

② 本报告中科技成果转化"总合同"如无特指，包含以转让、许可、作价投资和技术开发、咨询、服务 6 种方式转化科技成果的合同。

③ 当年到账金额：当年新签订和往年签订的合同在当年实际到账的总金额，本报告统计数据未含以作价投资方式转化科技成果的合同到账情况。

续表

指标名称		2022 年
以转让、许可、作价投资方式转化科技成果	合同项数 / 项	24 083
	合同金额 / 万元	1 371 888.2
	当年到账金额（转让、许可）/ 万元	402 927.5
	财政资助项目产生的科技成果转化合同金额 / 万元	360 074.5
	中央财政资助项目产生的科技成果转化合同金额 / 万元	326 514.9
	平均合同金额 / 万元	57.0
	金额超过 1 亿元（含）的合同项数 / 项	20
	个人获得的现金和股权奖励金额 / 万元	499 240.5
	奖励人次 / 万人次	3.7
以技术开发、咨询、服务[①]方式转化科技成果	合同项数 / 项	258 385
	合同金额 / 万元	10 385 205.7
	当年到账金额 / 万元	7 127 914.8
其他[②]	与企业共建研发机构、转移机构、转化服务平台数量 / 个	14 241
	自建技术转移机构数量 / 个	1678
	专职从事科技成果转化工作人数 / 人	7717
	与本单位合作开展科技成果转化的市场化转移机构数量 / 个	2330
	在外兼职从事成果转化人员和离岗创业人员数 / 人	12 203
	创设公司和参股公司数 / 个	2662

一、科技成果转化总体进展

2022 年，本报告统计的高等院校以转让、许可、作价投资和技术

---

① 技术开发、咨询、服务：原指产学研合作（技术开发、技术咨询、技术服务）。
② 其他指标为截至 2022 年底的机构、平台、人员、公司的数量。

开发、咨询、服务 6 种方式转化科技成果的总合同金额、总合同项数及当年到账金额（不含作价投资）均略有增长[①]。1524 家高等院校科技成果转化总合同金额为 1175.7 亿元，比上一年增长 7.4%[②]；总合同项数为 282 468 项，比上一年增长 3.8%（图 2-1-1）；当年到账金额（不含作价投资）为 753.1 亿元，比上一年增长 7.7%。

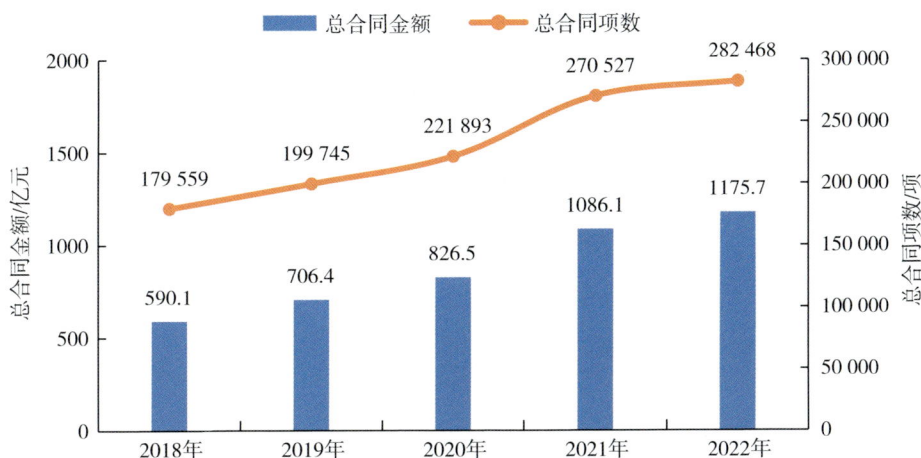

图 2-1-1　高等院校以转让、许可、作价投资和技术开发、咨询、服务方式转化科技成果的总合同金额和总合同项数

2022 年，科技成果转化均价略有增长，6 种方式转化科技成果的平均合同金额为 41.6 万元，比上一年增长 3.5%。大额科技成果项目数有所下降，单项科技成果转化合同金额 1 亿元及以上的成果有 35

---

① 本报告中增长率对应表述："0"为与上一年基本持平；"0（不含）～10%"为略有增长；"10%（含）～20%"为有所增长；"20%（含）～40%"为明显增长；"40%（含）～60%"为显著增长；"60%（含）～100%"为大幅增长；"100%（含）以上"为"增长 ×× 倍"，保留一位小数；下降的情况规则同理。

② 本篇中变化率（"增长""下降""持平"）的统计口径是同时填报了 2022年和 2021 年年度报告的 1450 家高等院校相应数据。

项，比上一年下降 27.1%；5000 万元及以上的有 75 项，比上一年下降 28.8%；1000 万元及以上的有 822 项，比上一年下降 1.9%。同时，有 223 家高等院校 2022 年科技成果转化总合同金额超过 1 亿元，比上一年增长 11.1%。

此外，从高等院校所在地维度统计，总合同金额排名前 3 位的省份分别为北京市（163.5 亿元）、江苏省（144.0 亿元）、上海市（93.4 亿元），总合同项数排名前 3 位的省份分别为江苏省（39 114 项）、北京市（23 757 项）、湖北省（21 572 项）。

二、单位类型

1524 家高等院校中，按属地划分，包括中央所属单位 107 家、地方所属单位 1417 家（表 2-1-2）。

表 2-1-2　高等院校单位分布

类型	中央所属单位		地方所属单位		合计	
	数量／家	占比	数量／家	占比	数量／家	占比
高等院校	107	7.0%	1417	93.0%	1524	100.0%

其中，中央所属高等院校科技成果转化总合同金额为 651.0 亿元，比上一年增长 0.6%，占高等院校转化总金额的 55.4%；总合同项数为 97 843 项，比上一年下降 1.8%，占高等院校转化总项数的 34.6%。地方所属高等院校科技成果转化总合同金额为 524.7 亿元，比上一年增长 17.4%，占高等院校转化总金额的 44.6%；总合同项数为 184 625 项，比上一年增长 7.0%，占高等院校转化总项数的 65.4%。

三、以转让、许可、作价投资方式转化科技成果

（一）合同金额和合同项数

一是合同金额略有增长，合同项数明显增长。2022 年，以转让、许可、作价投资方式转化科技成果的合同金额为 137.2 亿元，比上一年增长 4.4%；合同项数为 24 083 项，比上一年增长 26.1%。二是合同金额超过 1 亿元的单位数量明显增长。2022 年，以转让、许可、作价投资方式转化科技成果合同金额超过 1 亿元的高等院校数量为 37 家，比上一年增长 37.0%。三是财政资助项目产生的科技成果转化合同金额略有下降，合同项数有所增长。2022 年，财政资助项目产生的科技成果以转让、许可、作价投资方式转化合同金额为 36.0 亿元，比上一年下降 7.5%；合同项数为 2959 项，比上一年增长 16.8%。其中，中央财政资助项目产生的科技成果转化合同金额为 32.7 亿元，比上一年下降 4.3%；合同项数为 1843 项，比上一年增长 13.9%。

（二）平均合同金额

2022 年，以转让、许可、作价投资方式转化科技成果的平均合同金额为 57.0 万元，比上一年下降 17.2%。其中，以转让方式转化科技成果的平均合同金额为 37.2 万元，比上一年下降 1.3%；以许可方式转化科技成果的平均合同金额为 58.6 万元，比上一年下降 33.4%；以作价投资方式转化科技成果的平均合同金额为 823.9 万元，比上一年下降 6.2%，是转让方式平均合同金额的 22.2 倍，是许可方式平均合同金额的 14.1 倍。

（三）奖励

一是现金和股权奖励金额略有增长。2022 年，个人获得的现金和股权奖励金额达 49.9 亿元，比上一年增长 2.3%。其中，现金奖励金额为 30.5 亿元，比上一年增长 6.7%；股权奖励金额为 19.4 亿元，比上一年下降 3.9%。二是研发与转化主要贡献人员获得的奖励金额略有增长。奖励总金额达 47.0 亿元，比上一年增长 6.5%，占奖励个人总金额（49.9 亿元）的 94.2%。三是奖励人次有所增长。现金和股权奖励科研人员 3.7 万人次，比上一年增长 13.0%。

（四）转化流向

一是制造业领域成果转化最为活跃（以合同金额计，下同）。2022 年，转化至制造业的合同金额为 61.8 亿元，占转让、许可、作价投资总合同金额的 45.0%。二是科技成果主要转化至中小微其他企业。转化至中小微其他企业的合同金额为 102.8 亿元，占转让、许可、作价投资总合同金额的 74.9%。三是产出科技成果合同金额排名前 3 位的省份是上海市、北京市、江苏省，承接科技成果合同金额排名前 3 位的省份是上海市、江苏省、山东省。

四、以技术开发、咨询、服务方式转化科技成果

一是合同金额和合同项数均略有增长。2022 年，以技术开发、咨询、服务方式转化科技成果的合同金额为 1038.5 亿元，比上一年增长 7.8%，占成果转化总合同金额的 88.3%；合同项数为 258 385 项，比上一年增长 2.1%，占成果转化总合同项数的 91.5%。二是合同金额超过 1 亿元的单位数量有所增长。2022 年，以技术开发、咨询、服务方式转化科

技成果合同金额超过 1 亿元的高等院校数量为 206 家，比上一年增长 12.6%。三是平均合同金额略有增长。2022 年，以技术开发、咨询、服务方式转化科技成果的平均合同金额为 40.2 万元，比上一年增长 5.6%。

第二章
转让、许可、作价投资的进展成效

一、总体情况

科技成果转化活动日益活跃，以转让、许可、作价投资 3 种方式转化科技成果的合同金额略有增长，合同项数明显增长。2022 年，1524家高等院校以转让、许可、作价投资 3 种方式转化科技成果的合同金额为 137.2 亿元，比上一年增长 4.4%；合同项数为 24 083 项，比上一年增长 26.1%（图 2-2-1）。

图 2-2-1　高等院校以转让、许可、作价投资方式转化科技成果的
合同金额和合同项数

平均合同金额比上一年有所下降。2022 年，高等院校以转让、许可、作价投资方式转化科技成果的平均合同金额为 57.0 万元，比上一年下降 17.2%，合同金额、合同项数占比分布如图 2-2-2 所示。

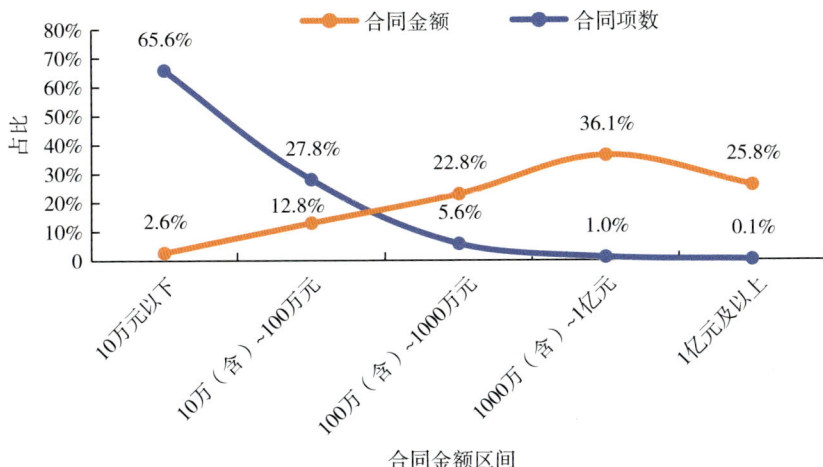

图 2-2-2　高等院校以转让、许可、作价投资方式转化科技成果的合同金额、
　　　　　合同项数占比分布

合同金额超过 1 亿元的单位数量明显增长。2022 年，以转让、许可、作价投资方式转化科技成果累计合同金额超过 1 亿元的高等院校有 37 家，比上一年增长 37.0%；超过 1000 万元的高等院校有 167 家，这 167 家高等院校的转让、许可、作价投资合同金额占 1524 家高等院校转让、许可、作价投资总合同金额的 92.8%。

转让、许可合同当年到账金额[①] 比上一年有所增长。2022 年，高等

───────────

①　"当年到账金额"为当年新签订和往年签订的合同在当年实际到账的总金额。由于科技成果转化合同对执行方式和执行周期的具体约定不同，部分转让、许可合同按执行周期进展分阶段拨付，通常情况下高等院校会基于当年实际到账金额实施奖励。因此，为了能够更加准确地反映科技成果转化产生的实时经济效益，对各单位转让、许可合同的当年到账金额进行了采集。

院校转让、许可合同当年到账金额共计 40.3 亿元，比上一年增长 11.7%（图 2-2-3）。其中，中央所属高等院校当年到账金额为 20.4 亿元，比上一年增长 4.0%；地方所属高等院校当年到账金额为 19.9 亿元，比上一年增长 21.3%。

图 2-2-3　高等院校以转让、许可方式转化科技成果的当年到账金额

高价值成果转化效益凸显。2022 年，高等院校以转让、许可、作价投资 3 种方式转化科技成果单项合同金额 1 亿元及以上的合同有 20 项（表 2-2-1），5000 万元及以上的有 39 项，1000 万元及以上的有 249 项。

将单项合同金额超过 1 亿元的科技成果按转化至单位所在地区来看[①]，其中 18 项转化至东部（上海市 5 项、江苏省 6 项、浙江省 3 项、山东省 2 项、广东省 2 项），2 项转化至中部地区（湖南省 2 项）；按转

---

① 根据国家统计局公布的《东西中部和东北地区划分方法》，本报告中东部、中部、西部、东北地区分别指：东部地区包括北京、天津、河北、上海、江苏、浙江、福建、山东、广东和海南（10 个省份）；中部地区包括山西、安徽、江西、河南、湖北和湖南（6 个省份）；西部地区包括内蒙古、广西、重庆、四川、贵州、云南、西藏、陕西、甘肃、青海、宁夏和新疆（12 个省份）；东北地区包括辽宁、吉林和黑龙江（3 个省份）。

化至单位类型来看，其中 3 项转化至国有企业（1 项转化至大型国有企业、2 项转化至中小微国有企业），17 项转化至其他企业（3 项转化至大型其他企业、14 项转化至中小微其他企业）。

表 2-2-1　高等院校单项合同金额 1 亿元及以上的转让、许可、作价投资成果分布

序号	高等院校名称	转化方式	合同项数 / 项
1	北京大学	转让	1
2	东北大学	许可	1
3	复旦大学	许可	1
4	广州中医药大学	转让	1
5	湖南科技大学	作价投资	1
6	厦门大学	转让	1
7	山东理工大学	作价投资	1
8	上海交通大学	许可	1
		转让	2
9	上海科技大学	许可	1
10	天津中医药大学	转让	1
11	浙江大学	许可	1
12	中国科学技术大学	转让	1
13	中国药科大学	转让	3
14	中南大学	转让	1
		作价投资	1
15	中山大学	转让	1

（一）转让、许可、作价投资合同对比

从合同金额维度看，转让合同金额明显增长，许可合同金额有所下降，作价投资合同金额基本持平。2022年，高等院校以转让方式转化科技成果的合同金额为61.2亿元，比上一年增长21.8%；以许可方式转化科技成果的合同金额为42.3亿元，比上一年下降10.7%；以作价投资方式转化科技成果的合同金额为33.7亿元，与上一年基本持平（图2-2-4）。

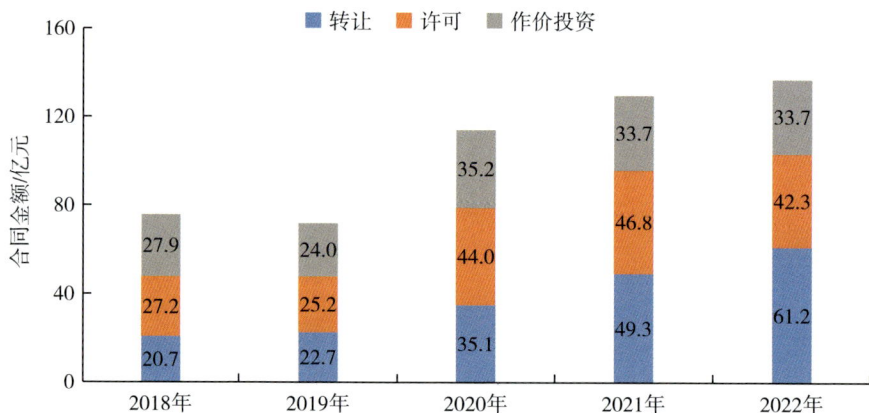

图 2-2-4　高等院校以转让、许可、作价投资方式转化科技成果的合同金额

作价投资方式平均合同金额最高，是转让方式平均合同金额的22.2倍，是许可方式平均合同金额的14.1倍。2022年，高等院校以转让方式转化科技成果的平均合同金额为37.2万元，比上一年下降1.3%；以许可方式转化科技成果的平均合同金额为58.6万元，比上一年下降33.4%；以作价投资方式转化科技成果的平均合同金额为823.9万元，比上一年下降6.2%（图2-2-5）。

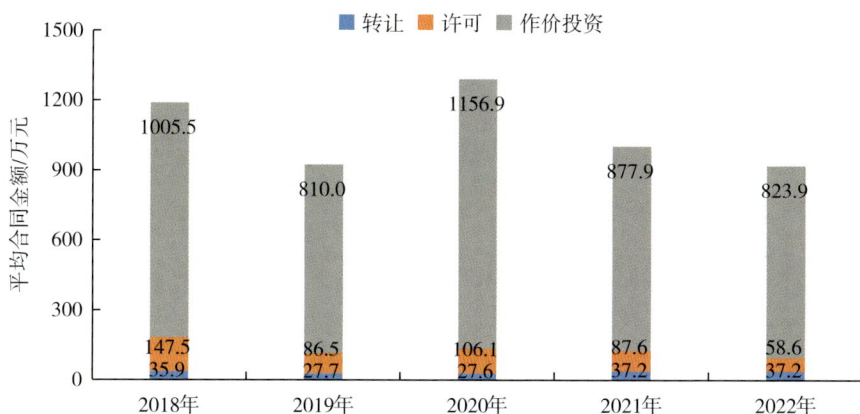

图 2-2-5 高等院校以转让、许可、作价投资方式转化科技成果的
平均合同金额

　　转让合同项数最多，占 3 种方式总合同项数（24 083 项）的 68.4%。2022 年，高等院校以转让方式转化科技成果的合同项数为 16 465 项，比上一年增长 23.4%；以许可方式转化科技成果的合同项数为 7209 项，比上一年增长 34.1%；以作价投资方式转化科技成果的合同项数为 409 项，比上一年增长 6.5%（图 2-2-6）。

图 2-2-6 高等院校以转让、许可、作价投资方式转化科技成果的合同项数

（二）中央所属高等院校转让、许可、作价投资情况

中央所属高等院校合同金额和合同项数均略有增长。2022年，中央所属高等院校以转让、许可、作价投资3种方式转化科技成果的合同金额为87.2亿元，比上一年增长5.8%；合同项数为5052项，比上一年增长6.7%（图2-2-7）。

图2-2-7　中央所属高等院校以转让、许可、作价投资方式转化科技成果的
合同金额和合同项数

（三）地方所属高等院校转让、许可、作价投资情况

地方所属高等院校合同金额略有增长，合同项数明显增长。2022年，地方所属高等院校以转让、许可、作价投资3种方式转化科技成果的合同金额为50.0亿元，比上一年增长1.9%；合同项数为19 031项，比上一年增长32.5%（图2-2-8）。

2022年，地方所属高等院校以转让、许可、作价投资方式转化科技成果的合同金额排名前3位的省份分别是山东省（7.0亿元）、上海市（5.2亿元）、广东省（4.9亿元）（图2-2-9）。

图 2-2-8　地方所属高等院校以转让、许可、作价投资方式转化科技成果的合同
金额和合同项数

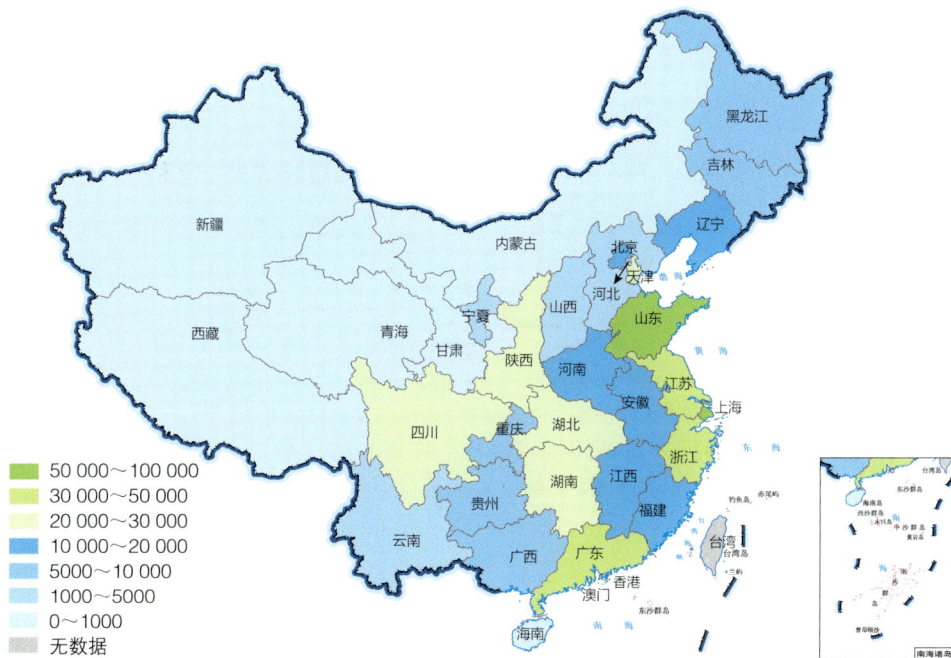

图 2-2-9　地方所属高等院校以转让、许可、作价投资方式转化科技成果的合同
金额（单位：万元）区间分布

（四）辖区内高等院校[①]转让、许可、作价投资情况

按照高等院校所在地统计，2022 年各地方辖区内高等院校以转让、许可、作价投资方式转化科技成果合同金额排名前 3 位的省份分别是上海市（25.5 亿元）、北京市（18.8 亿元）、江苏省（14.8 亿元）（图 2-2-10）。

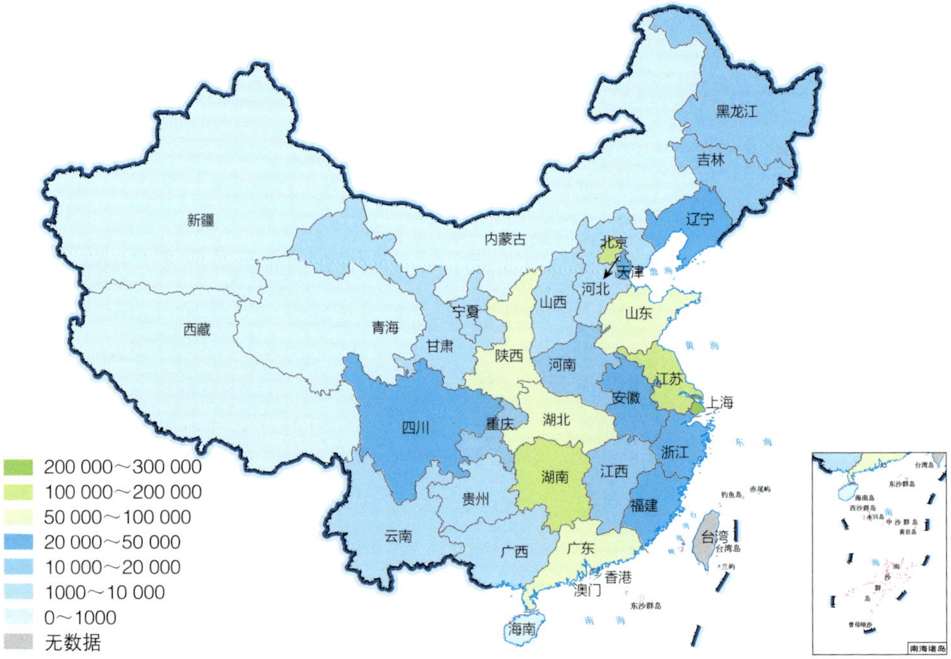
黑龙江
吉林
辽宁
新疆
内蒙古
北京
天津
河北
山西
山东
西藏
青海
宁夏
甘肃
陕西
河南
江苏
安徽
上海
四川
重庆
湖北
浙江
湖南
江西
贵州
福建
云南
广西
广东
台湾
香港
澳门
海南
南海诸岛
200 000～300 000
100 000～200 000
50 000～100 000
20 000～50 000
10 000～20 000
1000～10 000
0～1000
无数据

图 2-2-10　各地方辖区内高等院校以转让、许可、作价投资方式转化科技成果的合同金额（单位：万元）区间分布

① 辖区数据为按照单位所在地统计的数据，是各地方所属单位及其辖区内中央所属单位相应数据的加和。

二、转让方式

转让合同金额明显增长，合同项数也明显增长。2022 年，高等院校以转让方式转化科技成果的合同金额为 61.2 亿元，比上一年增长 21.8%；合同项数为 16 465 项，比上一年增长 23.4%（图 2-2-11）；平均合同金额为 37.2 万元，比上一年下降 1.3%。

图 2-2-11　高等院校以转让方式转化科技成果的合同金额和合同项数

三、许可方式

许可合同金额有所下降，合同项数明显增长。2022 年，高等院校以许可方式转化科技成果的合同金额为 42.3 亿元，比上一年下降 10.7%；合同项数为 7209 项，比上一年增长 34.1%（图 2-2-12）；平均合同金额为 58.6 万元，比上一年下降 33.4%。

图 2-2-12　高等院校以许可方式转化科技成果的合同金额和合同项数

四、作价投资方式

作价投资合同金额基本持平，合同项数略有增长。2022年，高等院校以作价投资方式转化科技成果的合同金额为33.7亿元，与上一年基本持平；合同项数为409项，比上一年增长6.5%（图2-2-13）；平均合同金额为823.9万元，比上一年下降6.2%。

图 2-2-13　高等院校以作价投资方式转化科技成果的合同金额和合同项数

五、科技成果转化定价方式

协议定价方式是科技成果转化的主要定价方式。2022年，高等院校以转让、许可、作价投资方式转化科技成果的 24 083 项合同中，采用协议定价方式的有 23 159 项，占总数的 96.2%，总合同金额为 121.1 亿元，平均合同金额为 52.3 万元；采用拍卖方式的有 82 项，占总数的 0.3%，总合同金额为 0.6 亿元，平均合同金额为 76.7 万元；采用挂牌交易方式的有 842 项，占总数的 3.5%，总合同金额为 15.5 亿元，平均合同金额为 184.1 万元（图 2-2-14）。

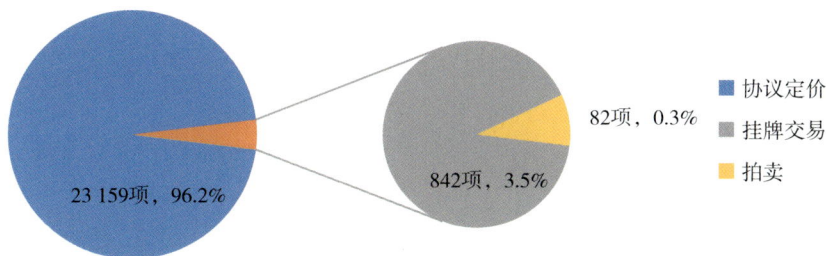

图 2-2-14　高等院校以转让、许可、作价投资方式转化科技成果的定价方式

科技成果转化定价过程中，经过评估的转化成果为 7230 项，占总数的 30.0%，总合同金额为 69.5 亿元，平均合同金额为 96.2 万元；未经过评估的转化成果为 16 853 项，占总数的 70.0%，总合同金额为 67.7 亿元，平均合同金额为 40.2 万元（图 2-2-15）。

图 2-2-15　高等院校转让、许可、作价投资合同定价过程中的评估情况

六、科技成果转化流向

（一）科技成果承接单位类型 [①]

科技成果主要转化至境内中小微企业。2022 年，高等院校科技成果以转让、许可、作价投资方式转化到境内、境外的合同金额分别是137.1 亿元、0.1 亿元，占比分别为 99.9%、0.1%（图 2-2-16），科技成果以转让、许可、作价投资方式转化到境内、境外的合同项数分别是24 070 项、13 项，占比分别为 99.9%、0.1%（图 2-2-17）。

[①]　"中小微企业"和"大型企业"标准参考《国家统计局关于印发统计上大中小微型企业划分办法的通知》（国统字〔2011〕75 号），"国有企业"标准参考《关于划分企业登记注册类型的规定调整的通知》（国统字〔2011〕86 号），非国有企业归类为"其他企业"。

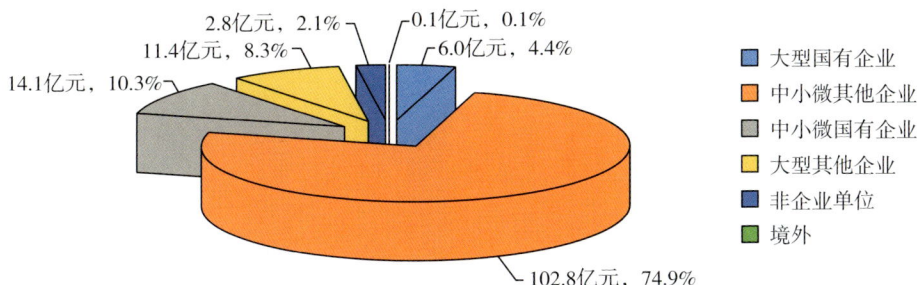

图 2-2-16　高等院校以转让、许可、作价投资方式转化科技成果的
承接单位合同金额分布

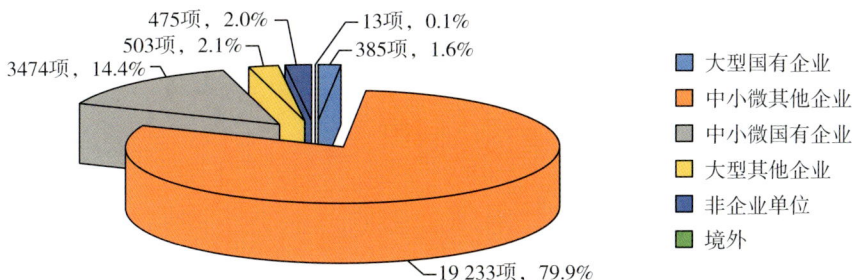

图 2-2-17　高等院校以转让、许可、作价投资方式转化科技成果的
承接单位合同项数分布

在境内转化的科技成果中，转化至中小微企业、大型企业、非企业单位的科技成果合同金额分别为 116.8 亿元、17.4 亿元、2.8 亿元，占总合同金额的比重分别为 85.2%、12.7%、2.1%，分别比上一年增长 7.3%、下降 14.0%、增长 65.6%（图 2-2-18）；转化至中小微企业、大型企业、非企业单位的科技成果合同项数分别为 22 707 项、888 项、475 项，占总合同项数的比重分别为 94.3%、3.7%、2.0%，分别比上一年增长 30.6%、增长 2.7%、下降 43.4%（图 2-2-19）。

图 2-2-18　高等院校与境内单位签订转让、许可、作价投资合同金额

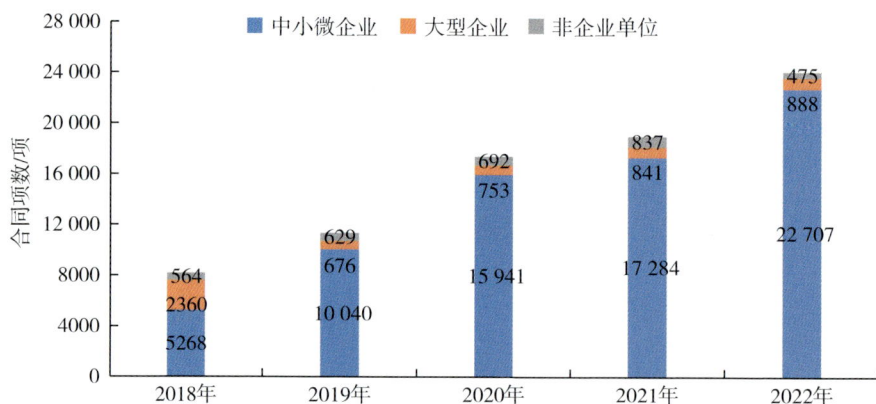

图 2-2-19　高等院校与境内单位签订转让、许可、作价投资合同项数

（二）科技成果承接单位所在地

科技成果转化至上海市的合同金额最高，转化至江苏省的合同项数最多。按照科技成果承接单位所在地统计，2022年高等院校以转让、许可、作价投资方式转化科技成果至地方合同金额排名前3位的省份分

别是上海市、江苏省、山东省，科技成果转化合同金额分别为 24.3 亿元、19.8 亿元、12.1 亿元，占以转让、许可、作价投资方式转化科技成果总合同金额的比重分别为 17.7%、14.5%、8.8%（图 2-2-20）。转化科技成果至地方合同项数排名前 3 位的省份分别是江苏省、浙江省、广东省，合同项数分别为 4319 项、2268 项、1984 项。

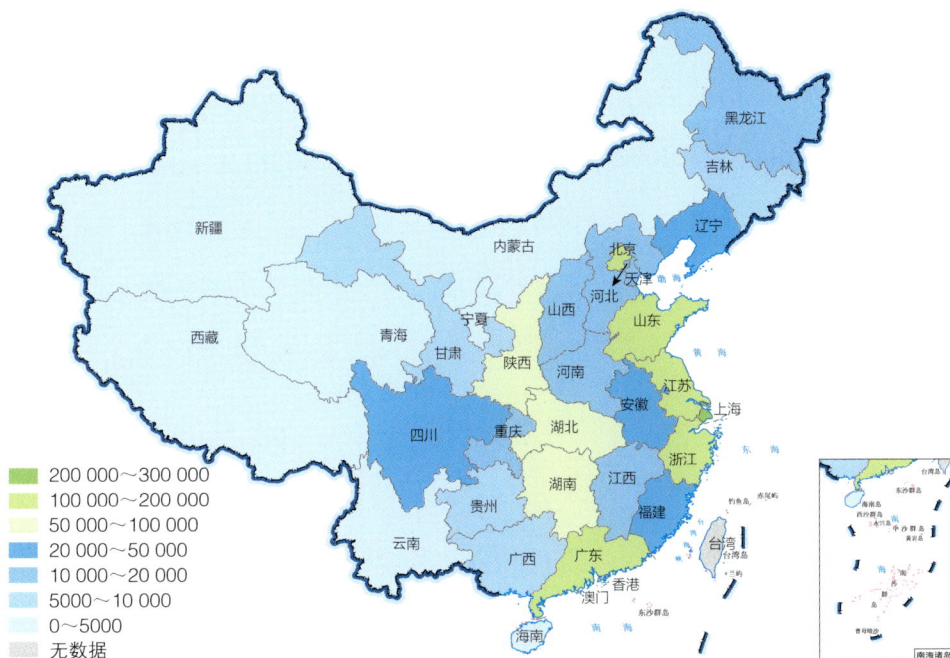

图 2-2-20　高等院校与各地方辖区内单位签订的转让、许可、作价投资合同金额（单位：万元）区间分布

　　按地方承接科技成果所属行业统计，2022 年承接高等院校以转让、许可、作价投资方式转化的科技成果合同金额排名前 10 位的省份中合同金额最高的行业有 9 个是制造业，1 个是其他（表 2-2-2）。

表 2-2-2　与高等院校签订转让、许可、作价投资合同金额排名前 10 位的省份

排名	省份	合同金额 / 万元	合同金额最高的行业
1	上海市	242 982.2	制造业
2	江苏省	198 421.2	制造业
3	山东省	121 263.4	制造业
4	浙江省	112 295.7	制造业
5	广东省	109 897.6	制造业
6	北京市	106 314.9	制造业
7	湖南省	73 457.1	其他
8	湖北省	69 456.0	制造业
9	陕西省	57 082.8	制造业
10	安徽省	42 918.4	制造业

（三）科技成果行业领域

科技成果转化至制造业的合同金额和合同项数均最多。按照科技成果应用的行业统计[①]，2022 年高等院校在境内以转让、许可、作价投资方式转化科技成果合同金额排名前 3 位的依次是"制造业""科学研究和技术服务业""卫生和社会工作"，其合同金额分别为 61.8 亿元、25.0 亿元、19.2 亿元，占以转让、许可、作价投资方式转化科技成果总合同

---

① 按照国民经济行业门类，选取与科技相关性强的 9 个门类作为选项，剩余门类均归为"其他"，包括：①农、林、牧、渔业；②制造业；③电力、热力、燃气及水生产和供应业；④交通运输、仓储和邮政业；⑤信息传输、软件和信息技术服务业；⑥科学研究和技术服务业；⑦水利、环境和公共设施管理业；⑧卫生和社会工作；⑨文化、体育和娱乐业；⑩其他。

金额的比重分别为 45.0%、18.2%、14.0%（图 2-2-21）；合同项数排名前 3 位的依次是"制造业""科学研究和技术服务业""信息传输、软件和信息技术服务业"，其合同项数分别为 9212 项、4824 项、3082 项。

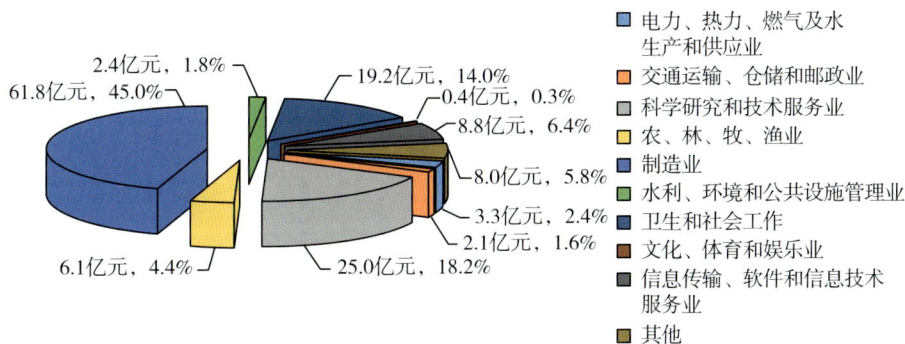

图 2-2-21 高等院校以转让、许可、作价投资方式在境内转化科技成果合同金额的行业分布

（四）本地转化和跨区域转化

一般而言，50% 以上（按合同金额占比计）科技成果在本地实现转化，服务本地企业，促进本地经济发展。按照高等院校科技成果产出区域和转让、许可、作价投资转化至的区域统计，2022 年在本地实现转化合同金额排名前 3 位的省份分别是上海市（18.7 亿元）、江苏省（9.0亿元）、北京市（8.6 亿元）（表 2-2-3）。

表 2-2-3　高等院校与本地方辖区内单位签订转让、许可、作价投资合同金额
排名前 10 位的省份

排名	省份	本地转化合同金额 / 亿元	占本地产出合同金额的比重	本地转化合同项数 / 项	占本地产出合同项数的比重
1	上海市	18.7	73.2%	436	59.9%
2	江苏省	9.0	60.7%	3403	75.5%
3	北京市	8.6	46.0%	519	46.9%
4	山东省	7.2	83.5%	1139	65.2%
5	湖南省	6.8	59.9%	389	66.5%
6	广东省	5.8	74.2%	955	77.0%
7	湖北省	4.7	60.3%	1312	69.0%
8	陕西省	3.9	59.9%	1009	65.7%
9	浙江省	3.1	64.3%	1743	77.1%
10	四川省	2.9	67.0%	520	56.3%

2022 年，本地方辖区内高等院校科技成果以转让、许可、作价投资方式转化到外区域的合同金额为 52.5 亿元，占总合同金额的 38.2%；合同项数为 7524 项，占总合同项数的 31.2%。

承接其他地方科技成果合同金额排名前 3 位的省份是江苏省（10.9亿元）、浙江省（8.1 亿元）、上海市（5.6 亿元）（图 2-2-22）；合同项数排名前 3 位的省份是广东省（1029 项）、安徽省（980 项）、江苏省（916项）（图 2-2-23）。

本地方产出科技成果输出至其他地方合同金额排名前 3 位的省份是北京市（10.1 亿元）、上海市（6.8 亿元）、江苏省（5.8 亿元）（图 2-2-22）；合同项数排名前 3 位的省份是江苏省（1102 项）、山东省（609 项）、湖北省（589 项）（图 2-2-23）。

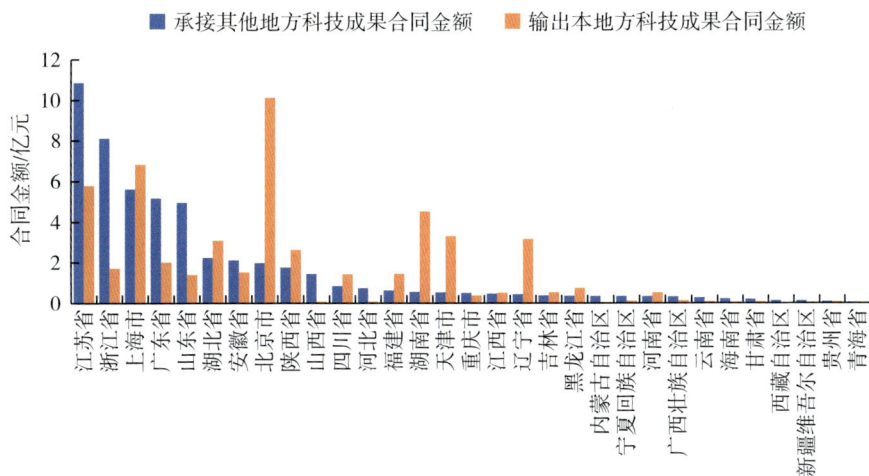

图 2-2-22 各地方承接/输出的高等院校转让、许可、作价投资成果的合同金额

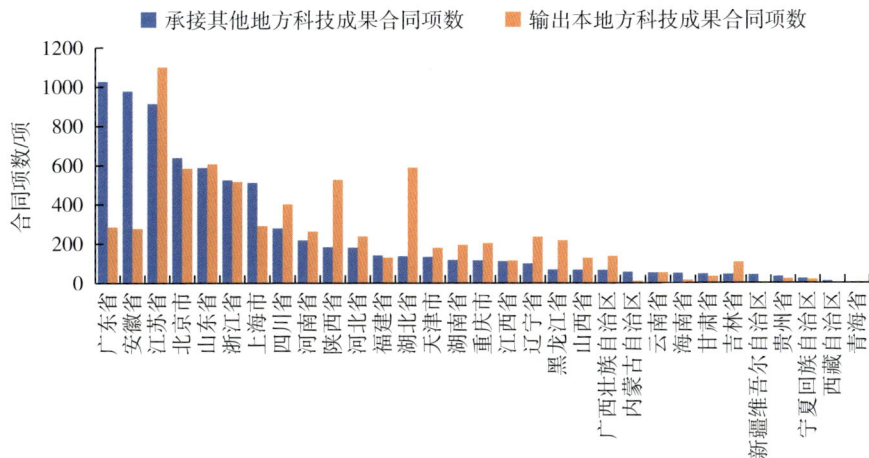

图 2-2-23 各地方承接/输出的高等院校转让、许可、作价投资成果的合同项数

第三章
财政资助项目的科技成果转化

财政资助项目产生的科技成果以转让、许可、作价投资方式转化的合同金额略有下降，合同项数有所增长。其中，中央财政资助项目产生的科技成果转化合同金额有所下降，合同项数有所增长。

一、总体情况

（一）全国财政资助项目[①]成果

全国财政资助项目成果合同金额略有下降，合同项数有所增长。2022 年，高等院校以转让、许可、作价投资 3 种方式转化财政资助项目成果合同金额为 36.0 亿元，比上一年下降 7.5%，占高等院校 3 种方式转化总合同金额（137.2 亿元）的 26.2%；合同项数为 2959 项，比上一年增长 16.8%，占高等院校 3 种方式转化总合同项数（24 083 项）的 12.3%（图 2-3-1）。

---

① 全国财政资助项目包括中央财政资助项目和地方财政资助项目。

图 2-3-1　高等院校财政资助项目成果以转让、许可、作价投资方式转化的
合同金额和合同项数

（二）中央财政资助项目成果

中央财政资助项目成果合同金额略有下降，合同项数有所增长。2022 年，高等院校以转让、许可、作价投资 3 种方式转化中央财政资助项目成果合同金额为 32.7 亿元，比上一年下降 4.3%，占高等院校全国财政资助项目成果以 3 种方式转化总合同金额（36.0 亿元）的 90.7%；合同项数为 1843 项，比上一年增长 13.9%，占高等院校全国财政资助项目成果以 3 种方式转化总合同项数（2959 项）的 62.3%（图 2-3-2）。

图 2-3-2　高等院校中央财政资助项目成果以转让、许可、作价投资方式转化的
合同金额和合同项数

二、中央所属高等院校

（一）全国财政资助项目成果

中央所属高等院校全国财政资助项目成果合同金额明显下降，合同项数有所增长。2022年，中央所属高等院校以转让、许可、作价投资3种方式转化财政资助项目成果合同金额为24.2亿元，比上一年下降22.9%，占中央所属高等院校3种方式转化总合同金额（87.2亿元）的27.7%；合同项数为1539项，比上一年增长10.5%，占中央所属高等院校3种方式转化总合同项数（5052项）的30.5%（图2-3-3）。

图 2-3-3 中央所属高等院校财政资助项目成果以转让、许可、作价投资方式转
化的合同金额和合同项数

（二）中央财政资助项目成果

中央所属高等院校中央财政资助项目成果合同金额明显下降，合同项数有所增长。2022 年，中央所属高等院校以转让、许可、作价投资 3 种方式转化中央财政资助项目成果合同金额为 22.6 亿元，比上一年下降 22.4%，占中央所属高等院校全国财政资助项目成果以 3 种方式转化总合同金额（24.2 亿元）的 93.3%；合同项数为 1291 项，比上一年增长 14.7%，占中央所属高等院校全国财政资助项目成果以 3 种方式转化总合同项数（1539 项）的 83.9%（图 2-3-4）。

图 2-3-4　中央所属高等院校中央财政资助项目成果以转让、许可、作价投资
方式转化的合同金额和合同项数

三、地方所属高等院校

（一）全国财政资助项目成果

地方所属高等院校全国财政资助项目成果合同金额大幅增长，合同项数明显增长。2022 年，地方所属高等院校以转让、许可、作价投资 3 种方式转化财政资助项目成果合同金额为 11.8 亿元，比上一年增长 69.3%，占地方所属高等院校 3 种方式转化总合同金额（50.0 亿元）的 23.6%；合同项数为 1420 项，比上一年增长 24.7%，占地方所属高等院校 3 种方式转化总合同项数（19 031 项）的 7.5%（图 2-3-5）。

2022 年，地方所属高等院校全国财政资助项目成果以转让、许可、作价投资 3 种方式转化的合同金额排名前 3 位的是广东省（2.6 亿元）、山东省（1.7 亿元）、湖南省（1.4 亿元）（图 2-3-6）。

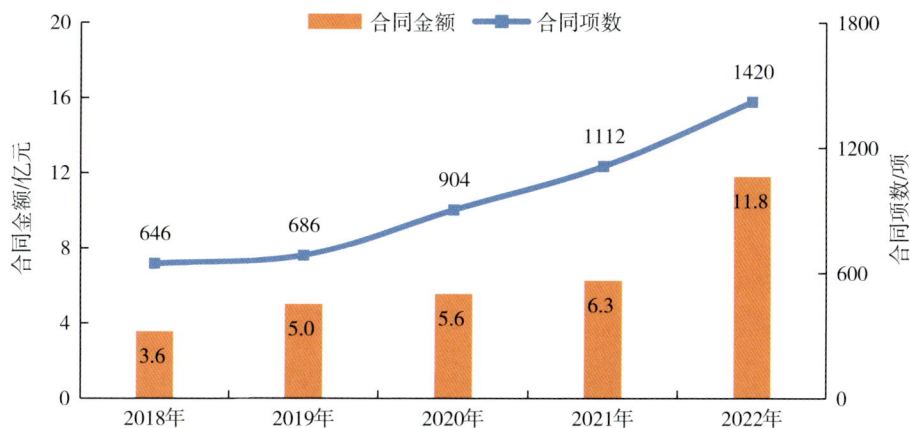

图 2-3-5 地方所属高等院校财政资助项目成果以转让、许可、作价投资方式
转化的合同金额和合同项数

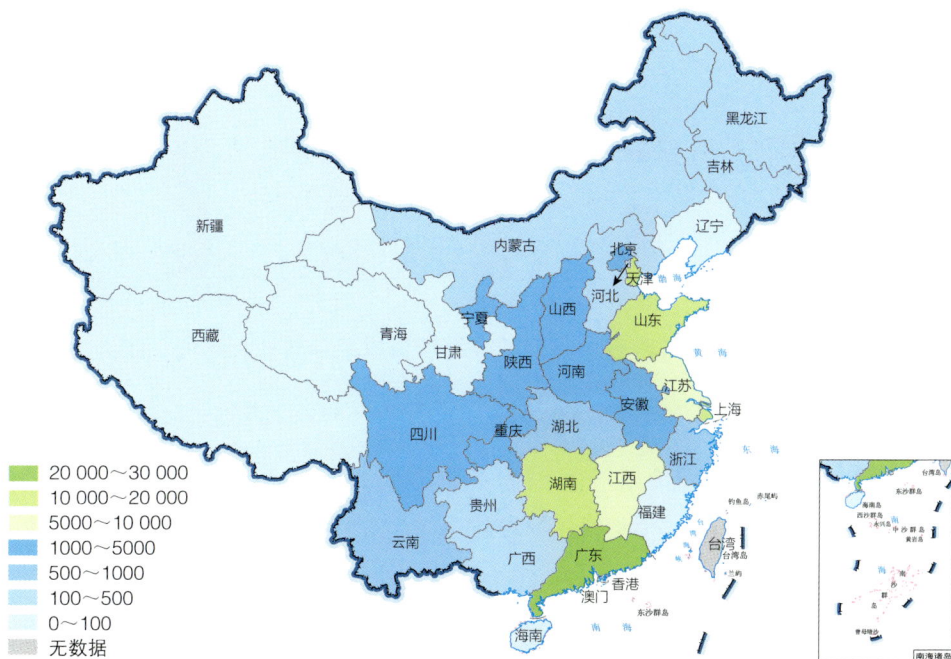

图 2-3-6 地方所属高等院校财政资助项目成果以转让、许可、作价投资方式
转化的合同金额（单位：万元）区间分布

（二）中央财政资助项目成果

地方所属高等院校中央财政资助项目成果合同金额增长 1.1 倍，合同项数有所增长。2022 年，地方所属高等院校以转让、许可、作价投资 3 种方式转化中央财政资助项目成果合同金额为 10.1 亿元，比上一年增长 1.1 倍，占地方所属高等院校全国财政资助项目成果以 3 种方式转化总合同金额（11.8 亿元）的 85.4%；合同项数为 552 项，比上一年增长 12.3%，占地方所属高等院校全国财政资助项目成果以 3 种方式转化总合同项数（1420 项）的 38.9%（图 2-3-7）。

图 2-3-7　地方所属高等院校中央财政资助项目成果以转让、许可、作价投资方式转化的合同金额和合同项数

2022 年，地方所属高等院校中央财政资助项目成果以转让、许可、作价投资 3 种方式转化的合同金额排名前 3 位的是广东省（2.6 亿元）、山东省（1.6 亿元）、湖南省（1.4 亿元）（图 2-3-8）。

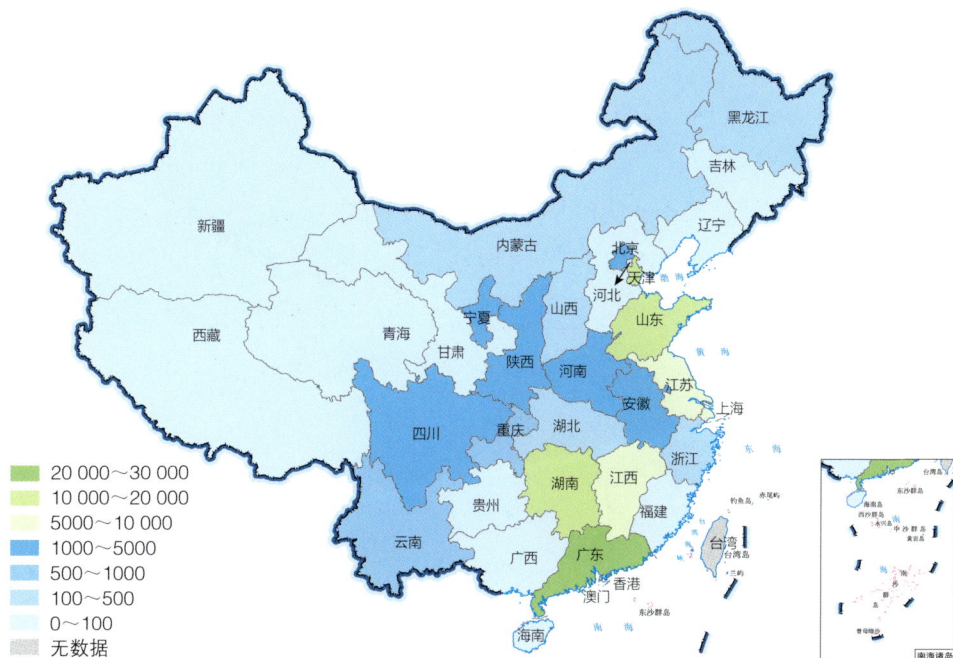

图 2-3-8　地方所属高等院校中央财政资助项目成果以转让、许可、作价投资方式转化的合同金额（单位：万元）区间分布

四、辖区内高等院校

（一）全国财政资助项目成果

按照高等院校所在地统计，2022 年各地方辖区内高等院校全国财政资助项目成果以转让、许可、作价投资 3 种方式转化的合同金额排名前 3 位的是北京市（6.7 亿元）、广东省（5.3 亿元）、上海市（4.6 亿元）（图 2-3-9）。

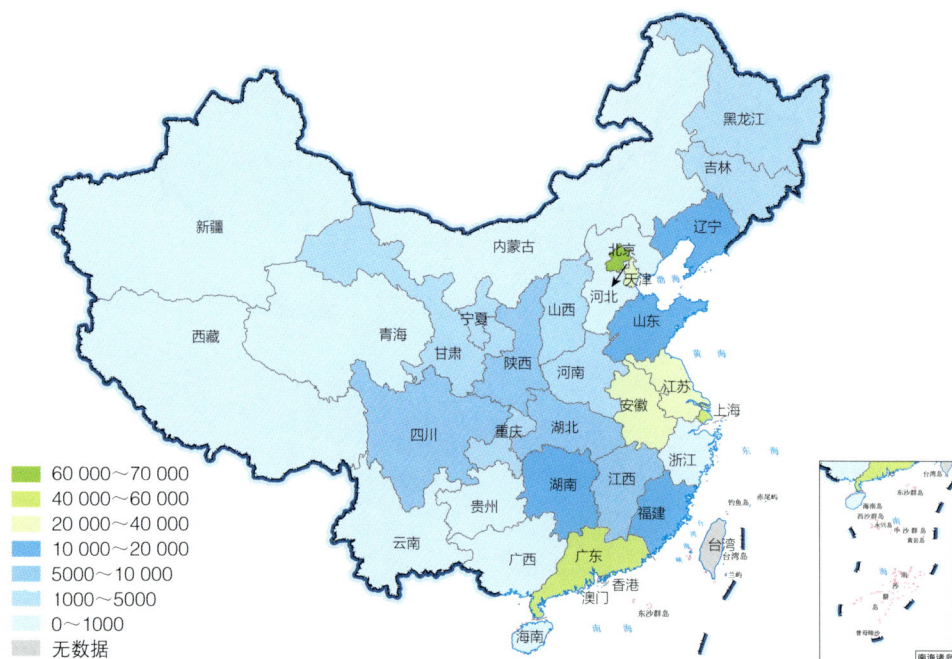

图 2-3-9　各地方辖区内高等院校财政资助项目成果以转让、许可、作价投资
方式转化的合同金额（单位：万元）区间分布

（二）中央财政资助项目成果

2022 年，各地方辖区内高等院校中央财政资助项目成果以转让、许可、作价投资 3 种方式转化的合同金额排名前 3 位的是北京市（6.2 亿元）、广东省（4.9 亿元）、上海市（3.9 亿元）（图 2-3-10）。

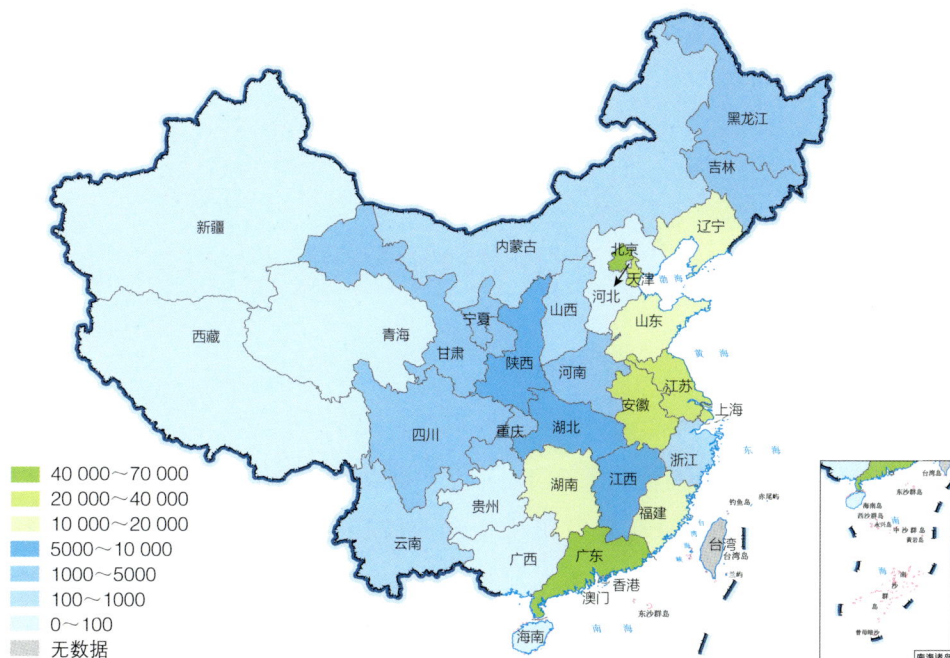

图 2-3-10　各地方辖区内高等院校中央财政资助项目成果以转让、许可、作价
　　　　　投资方式转化的合同金额（单位：万元）区间分布

第四章
转让、许可、作价投资的收益分配

《中华人民共和国促进科技成果转化法》将科技成果的使用权、处置权和收益权下放到研究开发机构、高等院校，科技成果转化后由科技成果完成单位对完成、转化该项科技成果做出重要贡献的人员给予奖励和报酬。《实施〈中华人民共和国促进科技成果转化法〉若干规定》要求，在研究开发和科技成果转化中做出主要贡献的人员，获得奖励的份额不低于奖励总额的 50%。

一、总体情况

（一）现金和股权合计

个人获得的现金和股权奖励略有增长。2022 年，高等院校个人获得的现金和股权奖励金额为 49.9 亿元，比上一年增长 2.3%，奖励个人金额超过 1 亿元的高等院校有 6 家；研发与转化主要贡献人员获得的现金和股权奖励金额为 47.0 亿元，比上一年增长 6.5%（图 2-4-1）。

2022 年，高等院校个人获得的现金和股权奖励占现金和股权总收入的比重为 71.7%（图 2-4-2），研发与转化主要贡献人员获得的现金和股权奖励占奖励个人金额的比重为 94.2%，符合《中华人民共和国促进科技成果转化法》和《实施〈中华人民共和国促进科技成果转化法〉若干规定》的比重要求。奖励人次为 37 114 人次，比上一年增长 13.0%。

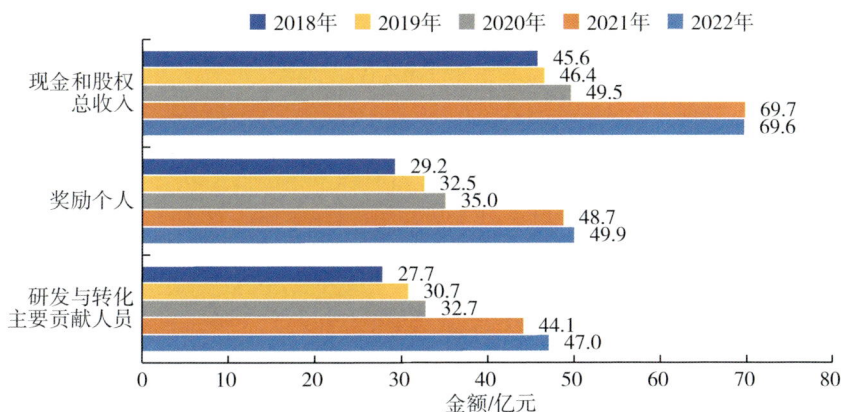

图 2-4-1 高等院校转让、许可、作价投资合同的现金和股权收益分配

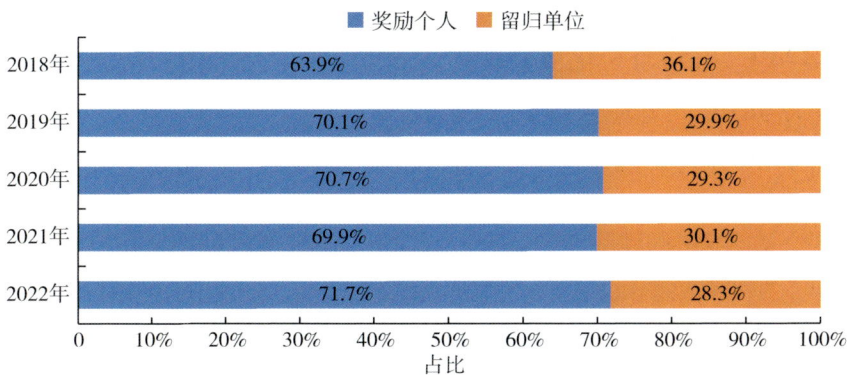

图 2-4-2 高等院校转让、许可、作价投资合同的现金和股权收益分配占比

（二）现金

个人获得的现金奖励略有增长。2022 年，高等院校个人获得的现

金奖励金额为 30.5 亿元，比上一年增长 6.7%，奖励个人金额超过 1 亿元的高等院校有 3 家；研发与转化主要贡献人员获得的现金奖励金额为 29.0 亿元，比上一年增长 14.2%（图 2-4-3）。

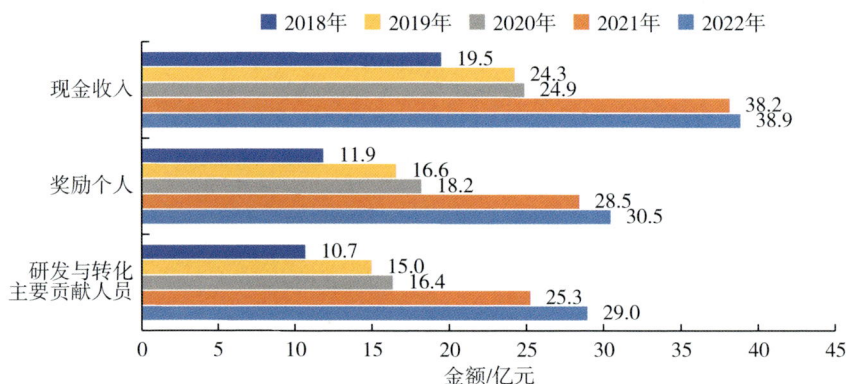

图 2-4-3　高等院校转让、许可合同的现金收益分配

2022 年，高等院校个人获得的现金奖励占现金收入的比重为 78.4%（图 2-4-4），研发与转化主要贡献人员获得的现金奖励占奖励个人金额的比重为 95.0%。奖励人次为 35 829 人次，比上一年增长 12.3%。

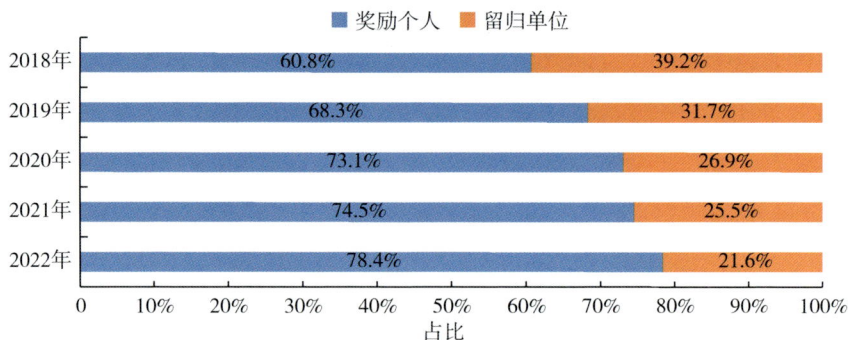

图 2-4-4　高等院校转让、许可合同的现金收益分配占比

二、中央所属高等院校

（一）现金和股权合计

中央所属高等院校个人获得的现金和股权奖励略有下降。2022年，中央所属高等院校个人获得的现金和股权奖励金额为30.0亿元，比上一年下降4.0%；研发与转化主要贡献人员获得的现金和股权奖励金额为29.5亿元，比上一年增长6.9%（图2-4-5）。

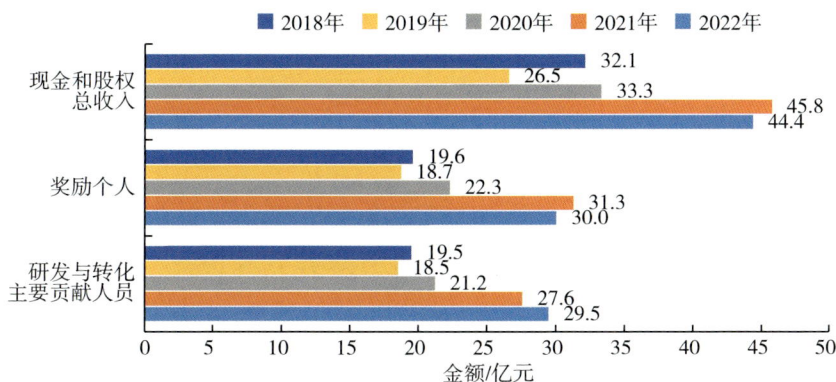

图2-4-5 中央所属高等院校转让、许可、作价投资合同的现金和股权收益分配

2022年，中央所属高等院校个人获得的现金和股权奖励占现金和股权总收入的比重为67.7%（图2-4-6），研发与转化主要贡献人员获得的现金和股权奖励占奖励个人金额的比重为98.2%。奖励人次为10 972人次，比上一年增长4.3%。

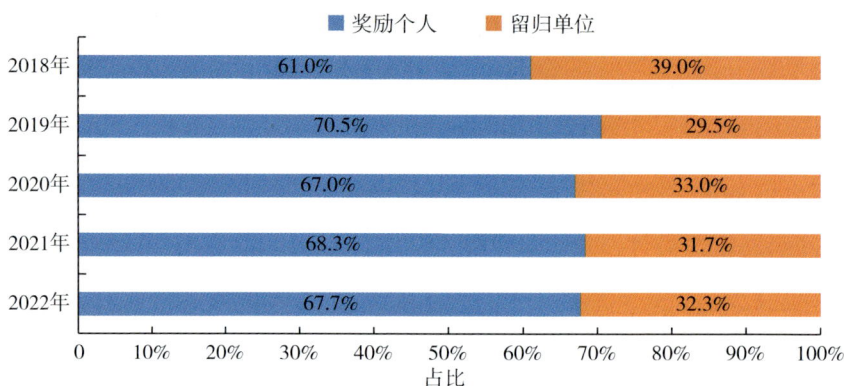

图 2-4-6　中央所属高等院校转让、许可、作价投资合同的现金和股权收益分配占比

（二）现金

中央所属高等院校个人获得的现金奖励略有下降。2022 年，中央所属高等院校个人获得的现金奖励金额为 17.2 亿元，比上一年下降 3.4%；研发与转化主要贡献人员获得的现金奖励金额为 16.8 亿元，比上一年增长 8.3%（图 2-4-7）。

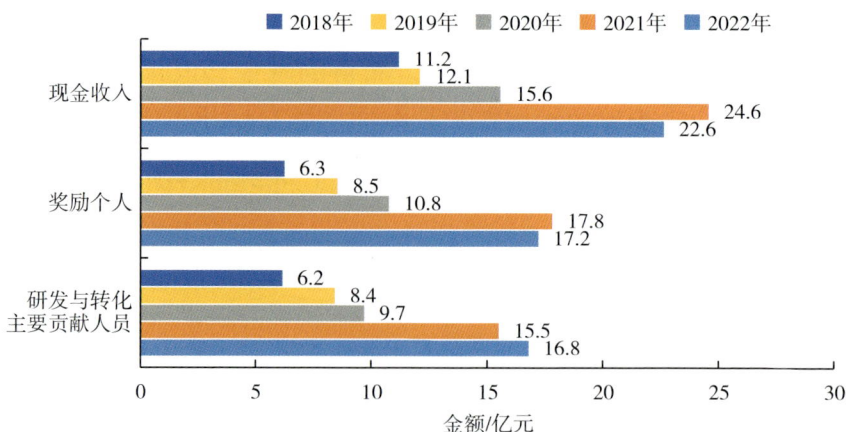

图 2-4-7　中央所属高等院校转让、许可合同的现金收益分配

2022 年，中央所属高等院校个人获得的现金奖励占现金收入的比重为 76.0%（图 2-4-8），研发与转化主要贡献人员获得的现金奖励占奖励个人金额的比重为 97.5%。奖励人次为 10 044 人次，比上一年增长 0.8%。

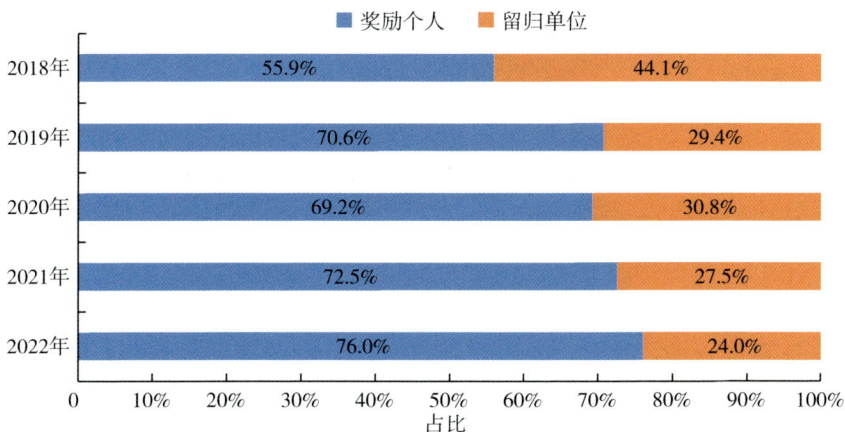

图 2-4-8　中央所属高等院校转让、许可合同的现金收益分配占比

三、地方所属高等院校

（一）现金和股权合计

地方所属高等院校个人获得的现金和股权奖励有所增长。2022 年，地方所属高等院校个人获得的现金和股权奖励金额为 19.9 亿元，比上一年增长 13.6%；研发与转化主要贡献人员获得的现金和股权奖励金额为 17.6 亿元，比上一年增长 5.7%（图 2-4-9）。

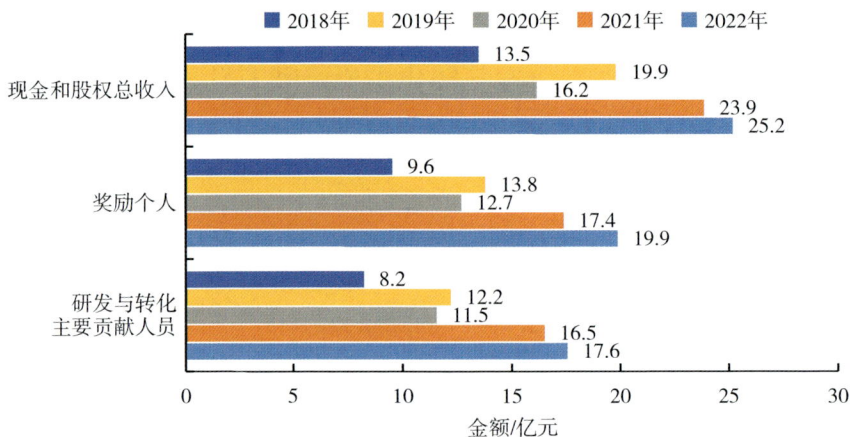

图 2-4-9　地方所属高等院校转让、许可、作价投资合同的现金和股权收益分配

2022 年，地方所属高等院校个人获得的现金和股权奖励占现金和股权总收入的比重为 78.9%（图 2-4-10），研发与转化主要贡献人员获得的现金和股权奖励占奖励个人金额的比重为 88.3%。奖励人次为 26 142 人次，比上一年增长 17.1%。

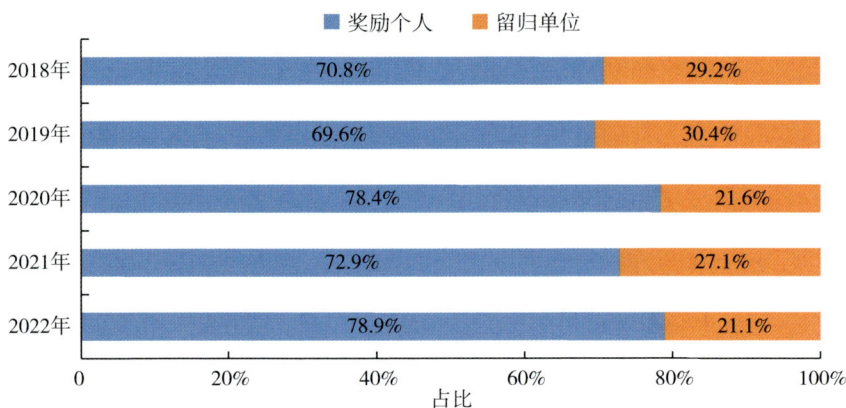

图 2-4-10　地方所属高等院校转让、许可、作价投资合同的现金和
股权收益分配占比

2022 年，地方所属高等院校当年实际完成分配的现金和股权收入排名前 3 位的是山东省（4.4 亿元）、广东省（2.7 亿元）、湖南省（2.2 亿元）（图 2-4-11）；奖励个人金额排名前 3 位的是山东省（3.2 亿元）、广东省（2.0 亿元）、湖南省（1.8 亿元）（图 2-4-12）；奖励研发与转化主要贡献人员金额排名前 3 位的是山东省（3.2 亿元）、广东省（1.7 亿元）、湖北省（1.6 亿元）；奖励人次排名前 3 位的是江苏省（4410 人次）、浙江省（2285 人次）、湖北省（2162 人次）。

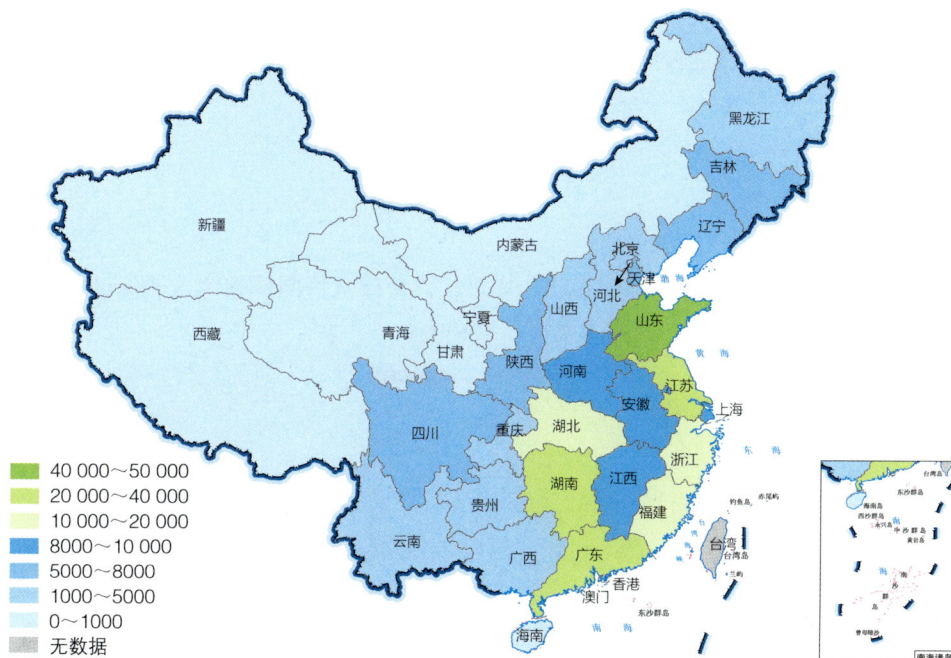

图 2-4-11　地方所属高等院校转让、许可、作价投资合同的现金和股权收入
（单位：万元）区间分布

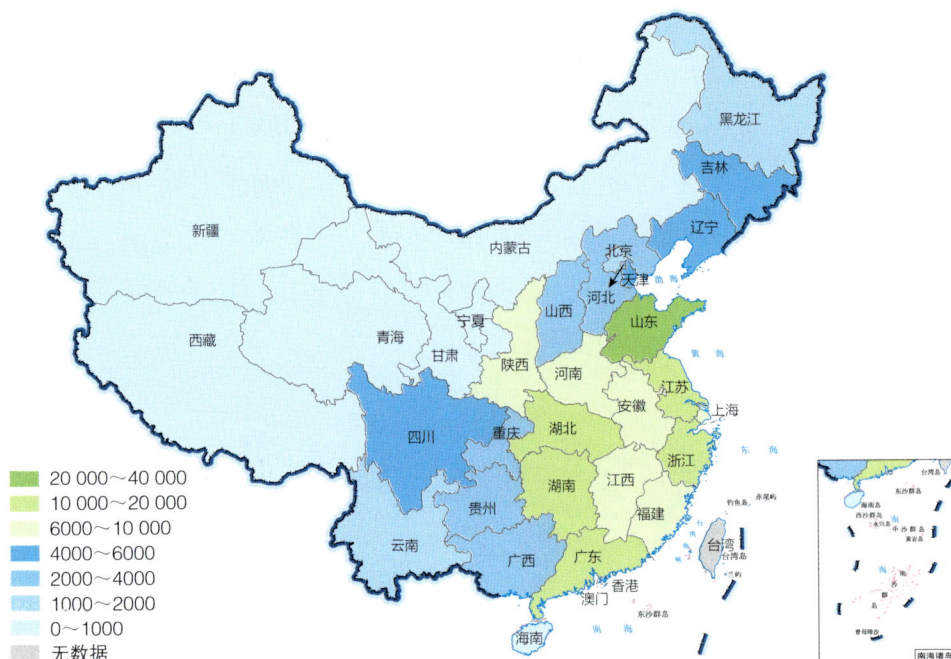

图 2-4-12　地方所属高等院校转让、许可、作价投资合同奖励个人的现金和股权金额（单位：万元）区间分布

（二）现金

地方所属高等院校个人获得的现金奖励明显增长。2022年，地方所属高等院校个人获得的现金奖励金额为13.3亿元，比上一年增长23.7%；研发与转化主要贡献人员获得的现金奖励金额为12.2亿元，比上一年增长23.7%（图2-4-13）。

2022年，地方所属高等院校个人获得的现金奖励占现金收入的比重为81.8%（图2-4-14），研发与转化主要贡献人员获得的现金奖励占奖励个人金额的比重为91.7%。奖励人次为25 785人次，比上一年增长17.8%。

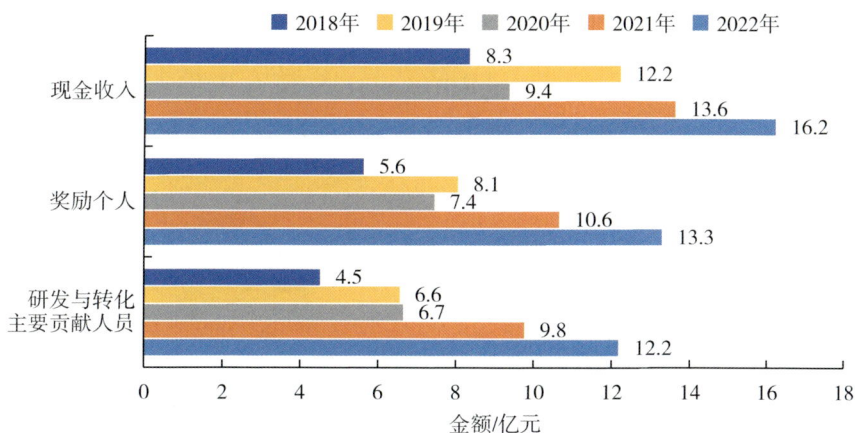

图 2-4-13 地方所属高等院校转让、许可合同的现金收益分配

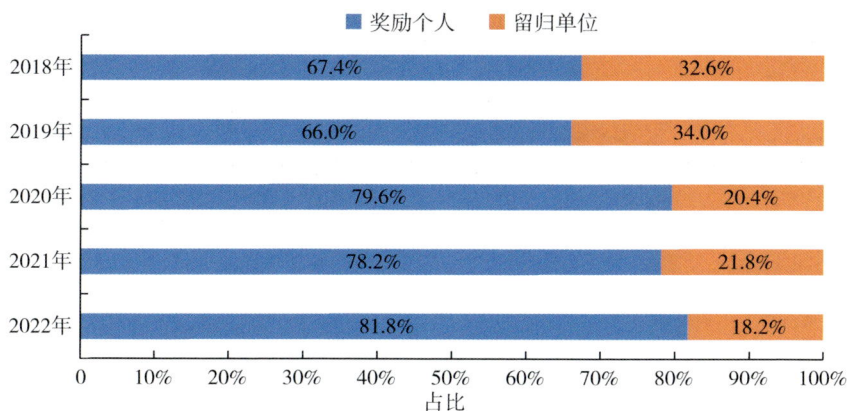

图 2-4-14 地方所属高等院校转让、许可合同的现金收益分配占比

四、辖区内高等院校

按高等院校所在地统计，2022 年各地方辖区内高等院校当年实际完成分配的现金和股权收入排名前 3 位的是北京市（12.2 亿元）、湖南省（11.2 亿元）、山东省（6.5 亿元）；奖励个人金额排名前 3 位的是北京市（8.7 亿元）、湖南省（8.3 亿元）、山东省（4.9 亿元）（图 2-4-15）；

奖励研发与转化主要贡献人员金额排名前3位的是北京市（8.7亿元）、湖南省（7.2亿元）、山东省（4.9亿元）；奖励人次排名前3位的是江苏省（7554人次）、湖北省（2920人次）、浙江省（2441人次）。

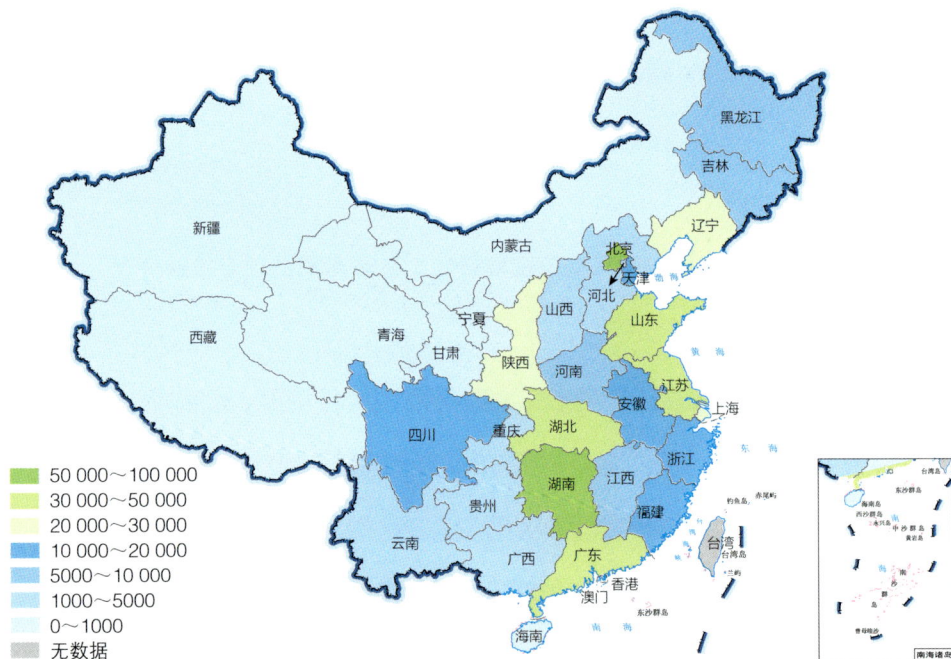

图2-4-15　各地方辖区内高等院校转让、许可、作价投资合同奖励个人的现金和股权金额（单位：万元）区间分布

第五章

技术开发、咨询、服务的进展成效

《实施〈中华人民共和国促进科技成果转化法〉若干规定》指出，国家设立的研究开发机构、高等院校按照规定格式报送的科技成果转化年度报告中，应包括签订的技术开发合同、技术咨询合同、技术服务合同等产学研合作情况。统计发现，2022 年 1524 家高等院校输出技术、服务能力不断强化，技术开发、咨询、服务数量和质量稳步提升。

一、总体情况

技术开发、咨询、服务合同金额、合同项数及当年到账金额均略有增长。2022 年，高等院校签订技术开发、咨询、服务合同金额为 1038.5 亿元，比上一年增长 7.8%，占高等院校以转让、许可、作价投资和技术开发、咨询、服务 6 种方式转化科技成果的总合同金额的 88.3%（2021 年占比为 88.1%）（图 2-5-1）；合同项数为 258 385 项，比上一年增长 2.1%，占高等院校以 6 种方式转化科技成果总合同项数的 91.5%（2021 年占比为 93.0%）（图 2-5-2）；当年到账金额为 712.8 亿元，比上一年增长 7.5%。

图2-5-1　高等院校以多种方式转化科技成果的合同金额

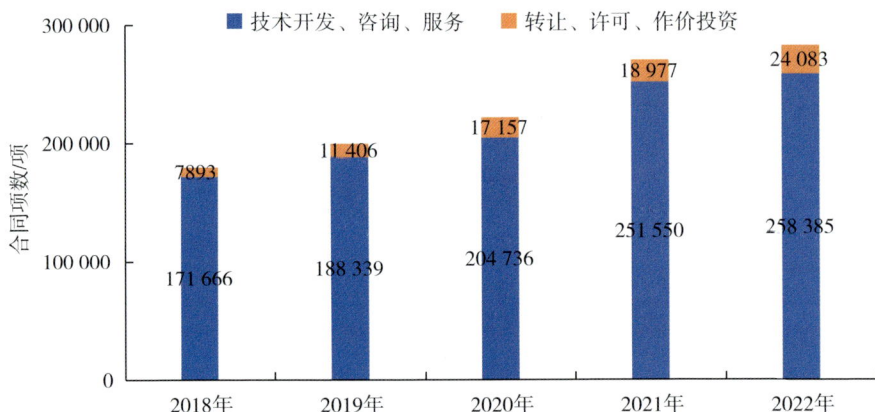

图2-5-2　高等院校以多种方式转化科技成果的合同项数

　　平均合同金额比上一年略有增长。2022年，高等院校以技术开发、咨询、服务方式转化科技成果的平均合同金额为40.2万元，比上一年增长5.6%。表2-5-1给出了高等院校以技术开发、咨询、服务方式转化科技成果的合同金额区间分布。

　　2022年，高等院校以技术开发、咨询、服务方式转化科技成果单项合同金额1亿元及以上的合同有15项（表2-5-2），5000万元及以上的有36项，1000万元及以上的有573项。

表 2-5-1　高等院校以技术开发、咨询、服务方式转化科技成果的
合同金额区间分布

合同金额区间	合同项数 / 项	合同项数占比	合同金额 / 万元	合同金额占比
1 亿元（含）以上	15	0.6‰	296 000.00	2.9%
1000 万（含）~ 1 亿元	558	0.2%	972 173.69	9.4%
100 万（含）~ 1000 万元	17 584	6.8%	3 639 564.12	35.0%
100 万元以下	240 228	93.0%	5 477 467.93	52.7%
总计	258 385	—	10 385 205.74	—

表 2-5-2　高等院校以技术开发、咨询、服务方式转化科技成果单项合同金额
1 亿元及以上的成果分布

序号	高等院校名称	合同项数 / 项
1	北京大学	3
2	华东理工大学	1
3	华中科技大学	1
4	青岛科技大学	4
5	清华大学	1
6	浙江大学	3
7	中国地质大学（北京）	1
8	中南大学	1

二、中央所属高等院校

中央所属高等院校技术开发、咨询、服务合同金额略有下降，合同项数也略有下降，当年到账金额略有增长。2022 年，中央所属高等院校签订的技术开发、咨询、服务合同金额为 563.8 亿元，比上一年下降

0.2%；合同项数为 92 791 项，比上一年下降 2.2%（图 2-5-3）；当年到账金额为 391.6 亿元，比上一年增长 1.1%。

图 2-5-3　中央所属高等院校签订的技术开发、咨询、服务合同金额和合同项数

三、地方所属高等院校

地方所属高等院校技术开发、咨询、服务合同金额有所增长，合同项数略有增长，当年到账金额有所增长。2022 年，地方所属高等院校签订的技术开发、咨询、服务合同金额共 474.8 亿元，比上一年增长 19.3%；合同项数为 165 594 项，比上一年增长 4.7%（图 2-5-4）；当年到账金额为 321.2 亿元，比上一年增长 16.6%。

2022 年，地方所属高等院校签订的技术开发、咨询、服务合同金额排名前 3 位的省份分别是江苏省（63.3 亿元）、山东省（45.0 亿元）、浙江省（38.0 亿元）（图 2-5-5），合同项数排名前 3 位的省份分别是江苏省（20 454 项）、浙江省（14 065 项）、河北省（12 164 项）。

图 2-5-4　地方所属高等院校签订的技术开发、咨询、服务合同金额和合同项数

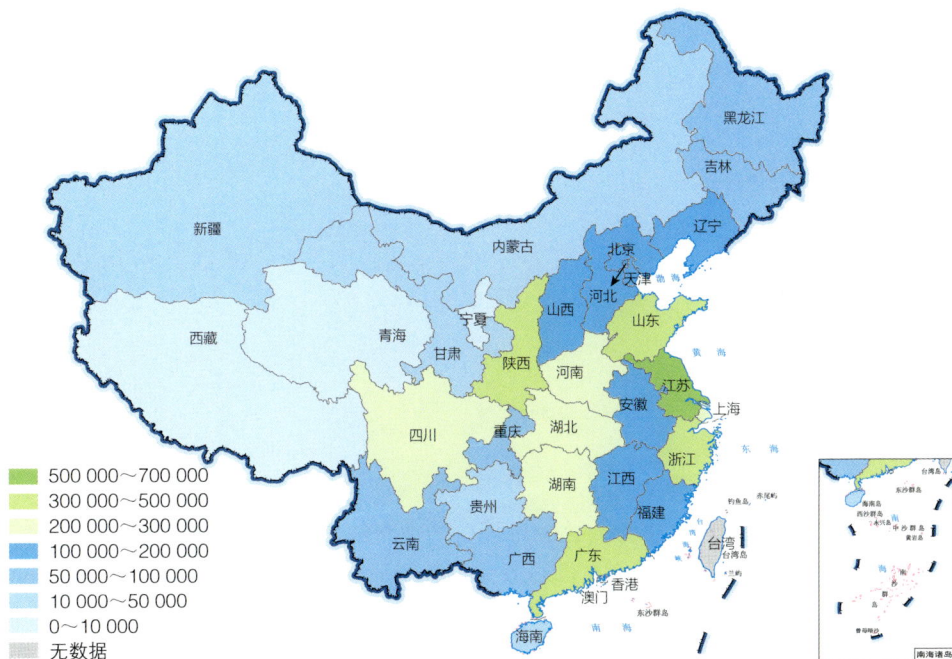

图 2-5-5　地方所属高等院校签订的技术开发、咨询、服务合同金额（万元）
区间分布

四、辖区内高等院校

按照高等院校所在地统计，2022 年各地方辖区内高等院校以技术开发、咨询、服务方式转化科技成果合同金额排名前 3 位的省份分别是北京市（144.8 亿元）、江苏省（129.2 亿元）、浙江省（75.1 亿元）（图 2-5-6）；合同项数排名前 3 位的省份分别是江苏省（34 609 项）、北京市（22 651 项）、湖北省（19 671 项）。

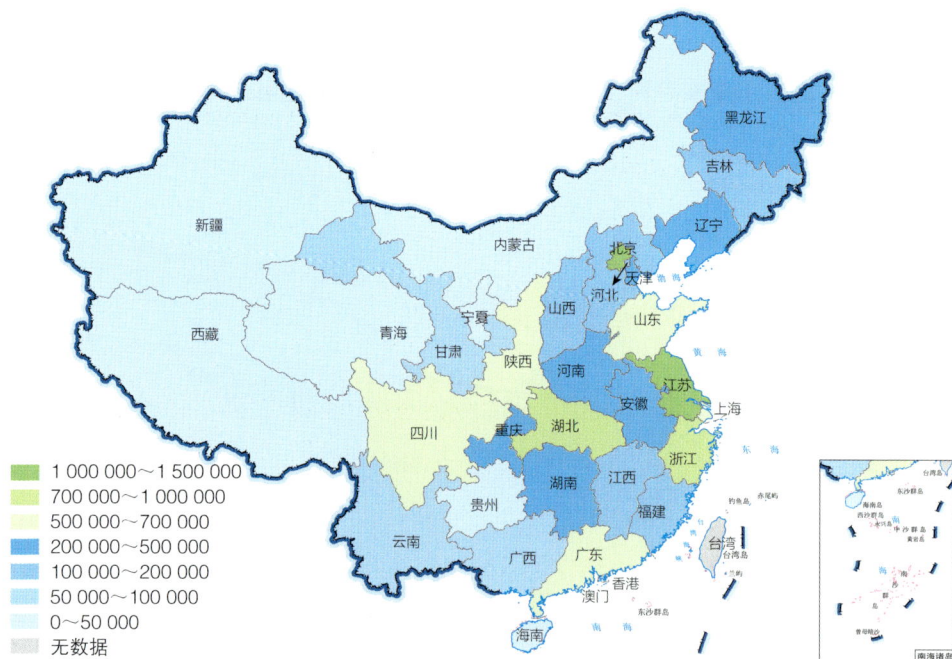

图 2-5-6　各地方辖区内高等院校签订的技术开发、咨询、服务合同金额
（单位：万元）区间分布

第六章
新立项的科技计划项目

科技计划项目是解决经济社会发展中出现的各类科学技术问题的重要手段，2022 年新获立项批复的科技计划项目产生的技术是高等院校后续几年进行科技成果转化的重要成果来源。

一、总体情况

2022 年，高等院校新获立项批复的科技计划项目（课题）总金额（包括财政资助金额和自筹金额）为 1134.4 亿元，其中财政资助金额为 1050.8 亿元，中央财政资助金额为 732.9 亿元。新获批和往年获批科技计划项目（课题）在 2022 年到账金额为 1018.2 亿元，其中财政资助到账金额为 819.6 亿元，中央财政资助到账金额为 523.1 亿元。

二、中央所属高等院校

2022 年，中央所属高等院校新获立项批复的科技计划项目（课题）总金额为 728.5 亿元，其中财政资助金额为 679.8 亿元，中央财政资助金额为 549.1 亿元。新获批和往年获批科技计划项目（课题）在 2022

年到账金额为 683.7 亿元，其中财政资助到账金额为 518.5 亿元，中央财政资助到账金额为 386.9 亿元。

三、地方所属高等院校

2022 年，地方所属高等院校新获立项批复的科技计划项目（课题）总金额为 405.8 亿元，其中财政资助金额为 371.0 亿元，中央财政资助金额为 183.8 亿元。新获批和往年获批科技计划项目（课题）在 2022 年到账金额为 334.5 亿元，其中财政资助到账金额为 301.1 亿元，中央财政资助到账金额为 136.1 亿元。

四、辖区内高等院校

按照高等院校所在地统计，2022 年各地方辖区内高等院校新获立项批复的科技计划项目（课题）总金额排名前 3 位的省份分别是北京市（204.5 亿元）、上海市（113.3 亿元）、江苏省（102.5 亿元）（图 2-6-1）。

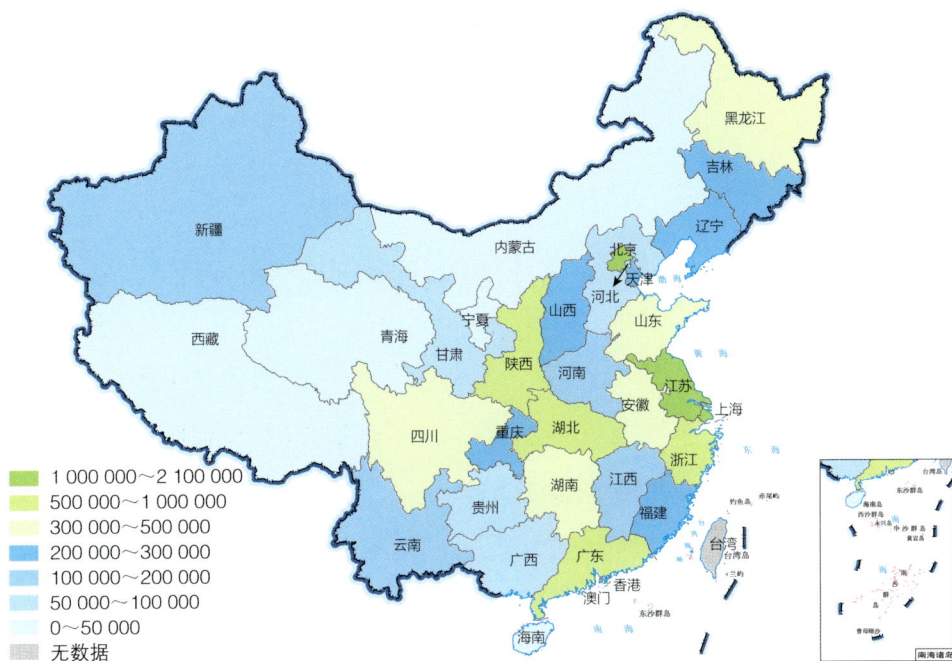

图 2-6-1　各地方辖区内高等院校新获立项批复的科技计划项目（课题）
总金额（单位：万元）区间分布

第七章
兼职及离岗创业和创设参股公司

　　国家鼓励科研人员兼职或离岗创业促进科技成果转化。《中华人民共和国促进科技成果转化法》规定，国家鼓励研究开发机构、高等院校与企业及其他组织开展科技人员交流，根据专业特点、行业领域技术发展需要，聘请企业及其他组织的科技人员兼职从事教学和科研工作，支持本单位的科技人员到企业及其他组织从事科技成果转化活动。《实施〈中华人民共和国促进科技成果转化法〉若干规定》要求，研究开发机构、高等院校应当建立制度规定或者与科技人员约定兼职、离岗从事科技成果转化活动期间和期满后的权利和义务。上述规定为研究开发机构、高等院校的科研人员兼职从事科技成果转化活动和离岗创业提供了重要政策保障。

　　科技成果转移转化相关协议签订后，科技成果的技术支持和顺利产业化是科技成果转移转化成功的关键。很多高等院校在转化科技成果后，通过创设和参股公司的方式，进一步支持、服务科技成果产业化的后续工作。因此，对创设和参股公司的统计分析，有助于更全面地了解科技成果转化成效。

一、兼职及离岗创业人员

兼职从事科技成果转化和离岗创业人员数量有所增长。截至 2022 年底，高等院校兼职从事科技成果转化和离岗创业人员数量为 12 203 人，比截至上一年底增长 11.3%。其中，中央所属高等院校兼职从事科技成果转化和离岗创业人员数量为 4149 人，比截至上一年底增长 32.0%；地方所属高等院校兼职从事科技成果转化和离岗创业人员数量为 8054 人，比截至上一年底增长 2.9%（图 2-7-1）。

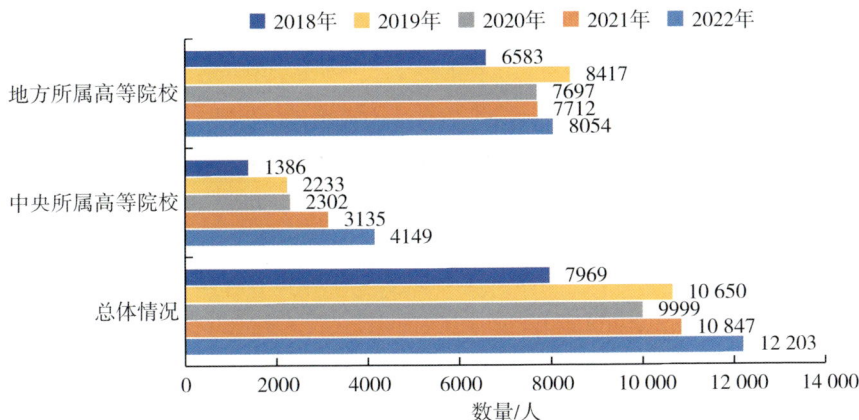

图 2-7-1　高等院校兼职从事科技成果转化和离岗创业人员数量

1524 家高等院校平均每家兼职从事科技成果转化和离岗创业人员数量为 8.0 人，其中中央所属高等院校平均每家兼职从事科技成果转化和离岗创业人员数量为 38.8 人，地方所属高等院校平均每家兼职从事科技成果转化和离岗创业人员数量为 5.7 人。

二、创设和参股公司

创设和参股公司数量明显增长。截至 2022 年底，高等院校创设

和参股公司数量为 2662 个，比截至上一年底增长 25.6%。其中，中
央所属高等院校创设和参股公司数量为 872 个，比截至上一年底增长
19.6%；地方所属高等院校创设和参股公司数量为 1790 个，比截至上
一年底增长 28.8%（图 2-7-2）。

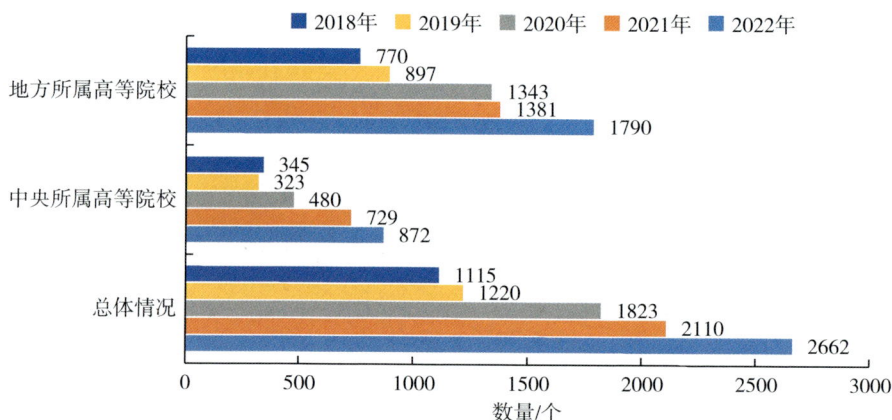

图 2-7-2　高等院校创设和参股公司数量

　　1524 家高等院校平均每家创设和参股公司数量为 1.7 个，其中中央
所属高等院校平均每家创设和参股公司数量为 8.1 个，地方所属高等院
校平均每家创设和参股公司数量为 1.3 个。

第八章
技术转移机构与人才建设

部分高等院校专门成立了适合自身特点的技术转移机构，科技成果转移转化不断趋向专业化。此外，高等院校与企业共建的研发机构、转移机构和服务平台的数量快速增加，不断吸纳聚合各方资源助力科技成果转移转化。

一、技术转移机构

（一）高等院校自建

自建技术转移机构的高等院校占比略有增长。截至 2022 年底，648 家高等院校自建了技术转移机构，占高等院校总数（1524 家）的 42.5%，比截至上一年底增长 7.8%（图 2-8-1）。高等院校累计自建了 1678 个技术转移机构，比截至上一年底增长 13.5%。

876家，57.5%

■ 自建技术转移机构的高等院校
■ 未自建技术转移机构的高等院校

648家，42.5%

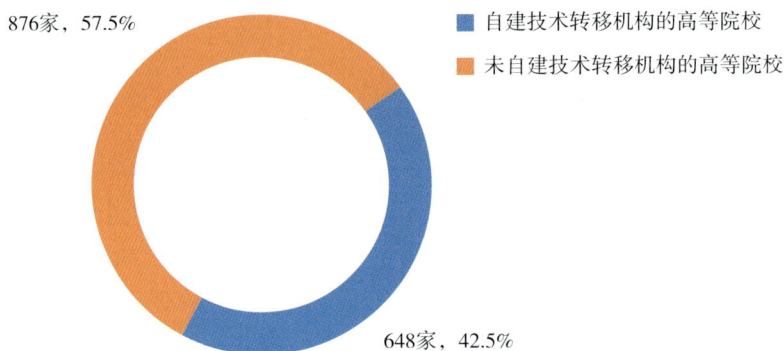

图 2-8-1　自建技术转移机构的高等院校数量和占比情况

（二）与市场化技术转移机构合作

截至 2022 年底，616 家高等院校与市场化技术转移机构合作开展科技成果转化，占高等院校总数的 40.4%，比截至上一年底增长 7.4%（图 2-8-2）。高等院校累计与 2330 个市场化技术转移机构合作开展科技成果转化，比截至上一年底增长 8.8%。

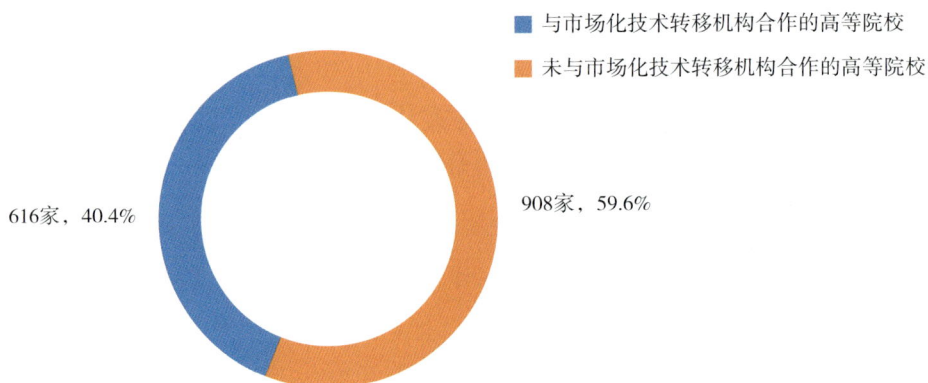

■ 与市场化技术转移机构合作的高等院校
■ 未与市场化技术转移机构合作的高等院校

616家，40.4%

908家，59.6%

图 2-8-2　与市场化技术转移机构合作的高等院校数量和占比情况

（三）机构作用认可

2022 年，1524 家高等院校中 55.7% 的（共 849 家）认为技术转移机构在科技成果转移转化过程中发挥重要作用；18.6% 的（共 284家）认为发挥一般作用；8.2% 的（共 125 家）认为发挥很小作用；17.5% 的（共 266 家）认为未发挥作用（图 2-8-3）。

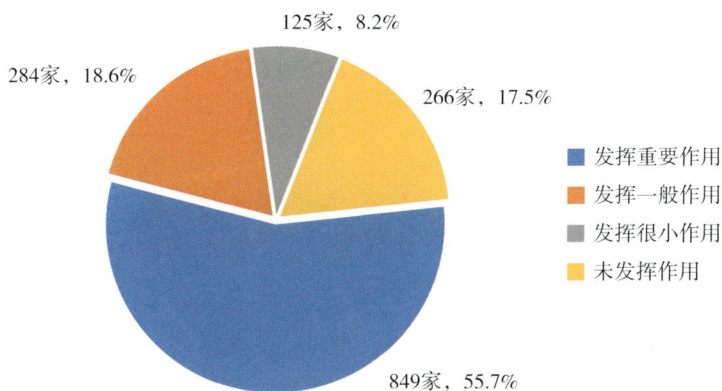

图 2-8-3　高等院校对技术转移机构的作用认可

648 家有自建技术转移机构的高等院校中，78.7% 的（共 510 家）认为技术转移机构在科技成果转移转化过程中发挥重要作用；15.4% 的（共 100 家）认为发挥一般作用；4.2% 的（共 27 家）认为发挥很小作用；1.7% 的（共 11 家）认为未发挥作用（图 2-8-4）。

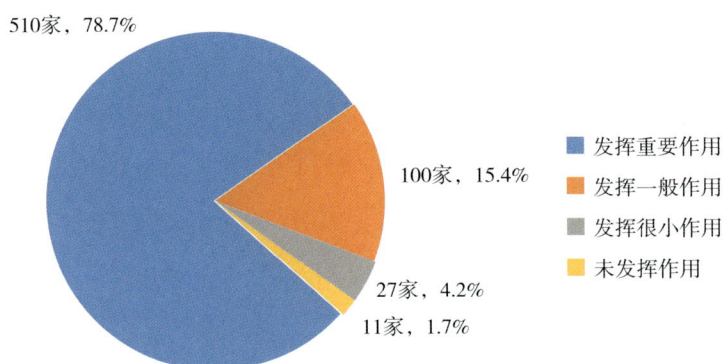

510家，78.7%

100家，15.4%

27家，4.2%

11家，1.7%

- 发挥重要作用
- 发挥一般作用
- 发挥很小作用
- 未发挥作用

图2-8-4　有自建技术转移机构的高等院校对技术转移机构的作用认可

二、技术转移人员

截至2022年底，939家高等院校具有专职从事科技成果转化工作人员，比截至上一年底增长4.9%，占高等院校总数（1524家）的61.6%。高等院校累计拥有7717名专职从事科技成果转化工作人员，人员数量比截至上一年底增长3.8%（图2-8-5）。

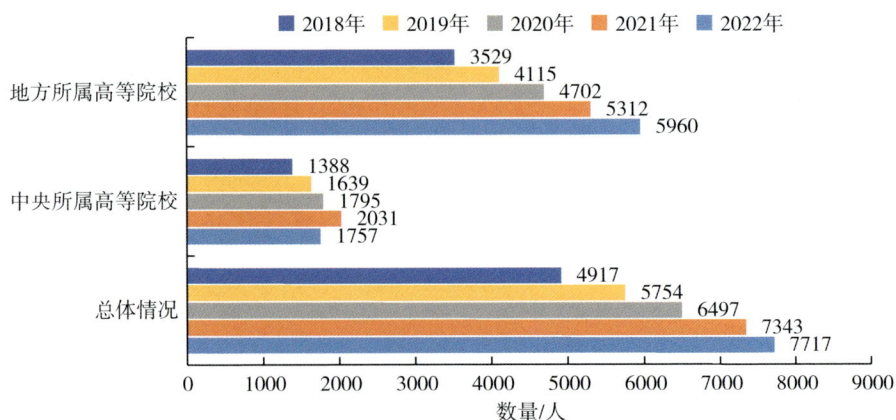

- 2018年
- 2019年
- 2020年
- 2021年
- 2022年

地方所属高等院校
3529
4115
4702
5312
5960

中央所属高等院校
1388
1639
1795
2031
1757

总体情况
4917
5754
6497
7343
7717

数量/人

图2-8-5　高等院校专职从事科技成果转化工作人员数量

三、与企业共建研发机构、转移机构、转化服务平台

高等院校与企业共建研发机构、转移机构、转化服务平台数量明显增长，对促进科技成果和科技研发供需的有效对接发挥了重要作用。截至 2022 年底，高等院校（818 家）与企业共建的研发机构、转移机构、转化服务平台总数为 14 241 个，比截至上一年底增长 25.8%。其中，中央所属高等院校与企业共建 3071 个，比截至上一年底增长 19.0%；地方所属高等院校与企业共建 11 170 个，比截至上一年底增长 27.8%（图 2-8-6）。

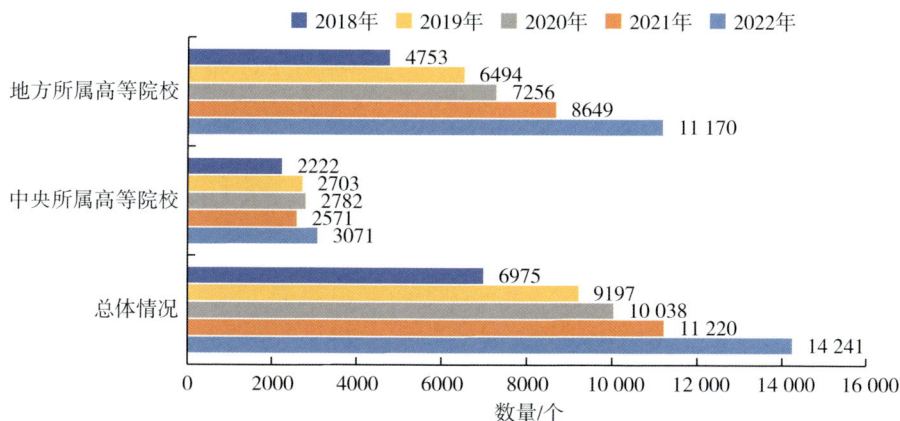

图 2-8-6　高等院校与企业共建研发机构、转移机构、转化服务平台数量

1524 家高等院校平均每家共建机构和平台 9.3 个，其中中央所属高等院校平均每家共建机构和平台 28.7 个，地方所属高等院校平均每家共建机构和平台 7.9 个。

第三篇

科研院所

第一章
概况

本篇对 2022 年 2284 家研究开发机构（简称"科研院所"）[①] 的科技成果转化进展和成效 [②] 进行了研究分析，主要数据如表 3-1-1 所示。

表 3-1-1　科研院所科技成果转化总体进展主要数据

	指标名称	2022 年
总体概况	总合同[③] 项数 / 项	280 414
	总合同金额 / 万元	6 008 535.2
	当年到账金额[④] / 万元	3 854 051.2

---

① 本报告中"科研院所"指《中华人民共和国促进科技成果转化法》中"研究开发机构"。

② 本篇涉及各维度总数（包括图表）分别指 2022 年 2284 家、2021 年 2171 家、2020 年 2121 家、2019 年 2068 家、2018 年 1962 家科研院所相对应总数。

③ 本报告中科技成果转化"总合同"如无特指，包含以转让、许可、作价投资和技术开发、咨询、服务 6 种方式转化科技成果的合同。

④ 当年到账金额：当年新签订和往年签订的合同在当年实际到账的总金额，本报告统计数据未含以作价投资方式转化科技成果的合同到账情况。

指标名称		2022 年
以转让、许可、作价投资方式转化科技成果	合同项数 / 项	5206
	合同金额 / 万元	1 048 364.7
	当年到账金额（转让、许可）/ 万元	500 021.1
	财政资助项目产生的科技成果转化合同金额 / 万元	312 568.7
	中央财政资助项目产生的科技成果转化合同金额 / 万元	238 376.5
	平均合同金额 / 万元	201.4
	金额超过 1 亿元（含）的合同项数 / 项	18
	个人获得的现金和股权奖励金额 / 万元	227 002.3
	奖励人次 / 万人次	5.1
以技术开发、咨询、服务[①]方式转化科技成果	合同项数 / 项	275 208
	合同金额 / 万元	4 960 170.4
	当年到账金额 / 万元	3 354 030.1
其他[②]	与企业共建研发机构、转移机构、转化服务平台数量 / 个	2200
	自建技术转移机构数量 / 个	439
	专职从事科技成果转化工作人数 / 人	8442
	与本单位合作开展科技成果转化的市场化转移机构数量 / 个	1634
	在外兼职从事成果转化人员和离岗创业人员数 / 人	6594
	创设和参股公司数 / 个	1889

一、科技成果转化总体进展

2022 年，本报告统计的科研院所以转让、许可、作价投资和技术开

---

① 技术开发、咨询、服务：原指产学研合作（技术开发、技术咨询、技术服务）。
② 其他指标为截至 2022 年底的机构、平台、人员、公司的数量。

发、咨询、服务 6 种方式转化科技成果的总合同金额有所增长[①]、总合同项数略有下降，当年到账金额（不含作价投资）有所增长。2284 家科研院所科技成果转化总合同金额为 600.9 亿元，比上一年增长 10.9%[②]；总合同项数为 280 414 项，比上一年下降 5.9%（图 3-1-1）；当年到账金额（不含作价投资）为 385.4 亿元，比上一年增长 11.6%。

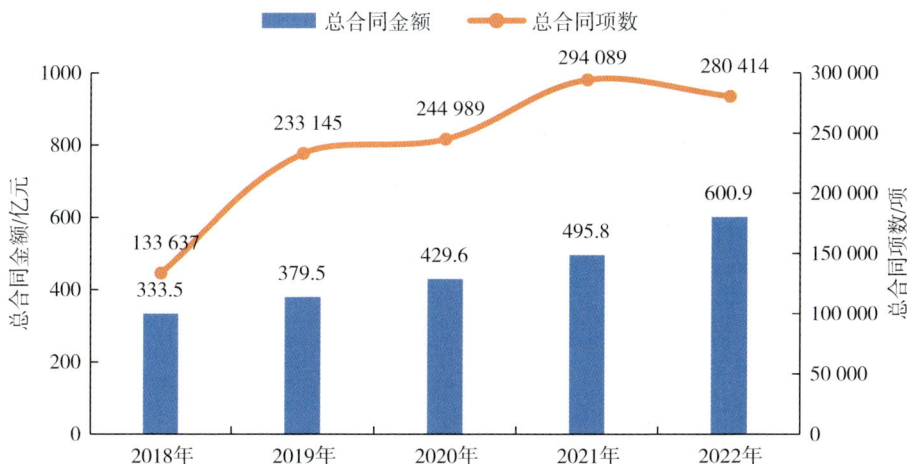

图 3-1-1　科研院所以转让、许可、作价投资和技术开发、咨询、
服务方式转化科技成果的总合同金额和总合同项数

2022 年，科技成果转化均价有所增长，6 种方式转化科技成果的平均合同金额为 21.4 万元，比上一年增长 17.9%。大额科技成果项目数明显增长，单项科技成果转化合同金额 1 亿元及以上的成果有 27

① 本报告中增长率对应表述："0" 为与上一年基本持平；"0（不含）~ 10%" 为略有增长；"10%（含）~ 20%" 为有所增长；"20%（含）~ 40%" 为明显增长；"40%（含）~ 60%" 为显著增长；"60%（含）~ 100%" 为大幅增长；"100%（含）以上" 为 "增长 ×× 倍"，保留一位小数；下降的情况规则同理。
② 本篇中变化率（"增长""下降""持平"）的统计口径是同时填报了 2022 年和 2021 年年度报告的 2072 家科研院所相应数据。

项，比上一年增长 27.8%；5000 万元及以上的有 73 项，比上一年增长 10.5%；1000 万元及以上的有 558 项，比上一年增长 19.5%。同时，有 143 家科研院所 2022 年科技成果转化总合同金额超过 1 亿元，比上一年增长 10.4%。

此外，从科研院所所在地维度统计，总合同金额排名前 3 位的省份分别为北京市（185.9 亿元）、广东省（65.8 亿元）、上海市（58.4 亿元），总合同项数排名前 3 位的省份分别为广东省（154 878 项）、北京市（23 891 项）、浙江省（17 270 项）。

二、单位类型

2284 家科研院所中，按属地划分，包括中央所属单位 572 家、地方所属单位 1712 家（表 3–1–2）。

表 3–1–2　科研院所单位分布

类型	中央所属单位		地方所属单位		合计	
	数量 / 家	占比	数量 / 家	占比	数量 / 家	占比
科研院所	572	25.0%	1712	75.0%	2284	100.0%

其中，中央所属科研院所科技成果转化总合同金额为 408.6 亿元，比上一年增长 10.9%，占科研院所转化总金额的 68.0%；总合同项数为 47 430 项，比上一年下降 10.4%，占科研院所转化总项数的 16.9%。地方所属科研院所科技成果转化总合同金额为 192.3 亿元，比上一年增长 11.1%，占科研院所转化总金额的 32.0%；总合同项数为 232 984 项，比上一年下降 4.9%，占科研院所转化总项数的 83.1%。

三、以转让、许可、作价投资方式转化科技成果

（一）合同金额和合同项数

一是合同金额略有下降，合同项数有所增长。2022 年，以转让、许可、作价投资方式转化科技成果的合同金额为 104.8 亿元，比上一年下降 7.7%；合同项数为 5206 项，比上一年增长 13.6%。二是合同金额超过 1 亿元的单位数量明显增长。2022 年，以转让、许可、作价投资方式转化科技成果合同金额超过 1 亿元的科研院所数量为 22 家，比上一年增长 22.2%。三是财政资助项目产生的科技成果转化合同金额明显下降，合同项数明显增长。2022 年，财政资助项目产生的科技成果以转让、许可、作价投资方式转化合同金额为 31.3 亿元，比上一年下降 32.1%；合同项数为 1882 项，比上一年增长 29.2%。其中，中央财政资助项目产生的科技成果转化合同金额为 23.8 亿元，比上一年下降 40.6%；合同项数为 966 项，比上一年增长 11.7%。

（二）平均合同金额

2022 年，以转让、许可、作价投资方式转化科技成果的平均合同金额为 201.4 万元，比上一年下降 18.8%。其中，以转让方式转化科技成果的平均合同金额为 247.9 万元，比上一年增长 21.7%；以许可方式转化科技成果的平均合同金额为 123.3 万元，比上一年下降 9.0%；以作价投资方式转化科技成果的平均合同金额为 1137.5 万元，是转让方式平均合同金额的 4.6 倍，是许可方式平均合同金额的 9.2 倍。

（三）奖励

一是现金和股权奖励金额明显下降。2022年，个人获得的现金和股权奖励金额达22.7亿元，比上一年下降30.2%。其中，现金奖励金额为19.2亿元，比上一年增长16.6%；股权奖励金额为3.5亿元，比上一年下降78.3%。二是研发与转化主要贡献人员获得的奖励金额明显下降。奖励总金额达18.6亿元，比上一年下降36.7%，占奖励个人总金额（22.7亿元）的81.9%。三是奖励人次有所增长。现金和股权奖励科研人员5.1万人次，比上一年增长16.2%。

（四）转化流向

一是制造业领域成果转化最为活跃（以合同金额计，下同）。2022年，转化至制造业的合同金额为33.4亿元，占转让、许可、作价投资总合同金额的31.8%。二是科技成果主要转化至中小微其他企业。转化至中小微其他企业的合同金额为63.9亿元，占转让、许可、作价投资总合同金额的60.9%。三是产出科技成果合同金额排名前3位的省份是北京市、上海市、天津市，承接科技成果合同金额排名前3位的省份是上海市、北京市、江苏省。

四、以技术开发、咨询、服务方式转化科技成果

一是合同金额有所增长，合同项数略有下降。2022年，以技术开发、咨询、服务方式转化科技成果的合同金额为496.0亿元，比上一年增长15.5%，占成果转化总合同金额的82.6%；合同项数为275 208项，比上一年下降6.2%，占成果转化总合同项数的98.1%。二是合同金额超过1亿元的单位数量略有增长。2022年，以技术开发、咨询、服务

方式转化科技成果合同金额超过 1 亿元的科研院所数量为 118 家，比上一年增长 8.1%。三是平均合同金额明显增长。2022 年，以技术开发、咨询、服务方式转化科技成果的平均合同金额为 18.0 万元，比上一年增长 23.1%。

第二章
转让、许可、作价投资的进展成效

一、总体情况

科技成果转化活动日益活跃，以转让、许可、作价投资 3 种方式转化科技成果的合同金额略有下降，合同项数有所增长。2022 年，2284 家科研院所以转让、许可、作价投资 3 种方式转化科技成果的合同金额为 104.8 亿元，比上一年下降 7.7%；合同项数为 5206 项，比上一年增长 13.6%（图 3-2-1）。

图 3-2-1　科研院所以转让、许可、作价投资方式转化科技成果的
合同金额和合同项数

平均合同金额比上一年有所下降。2022 年，科研院所以转让、许可、作价投资方式转化科技成果的平均合同金额为 201.4 万元，比上一年下降 18.8%，合同金额、合同项数占比分布如图 3-2-2 所示。

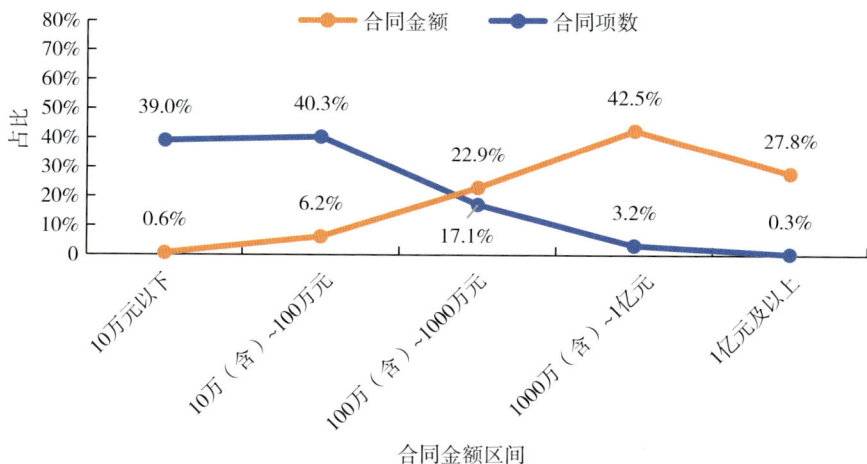

图 3-2-2 科研院所以转让、许可、作价投资方式转化科技成果的合同金额、合同项数占比分布

合同金额超过 1 亿元的单位数量明显增长。2022 年，以转让、许可、作价投资方式转化科技成果累计合同金额超过 1 亿元的科研院所有 22 家，比上一年增长 22.2%；超过 1000 万元的科研院所有 139 家，这 139 家科研院所的转让、许可、作价投资合同金额占 2284 家科研院所转让、许可、作价投资总合同金额的 91.5%。

转让、许可合同当年到账金额①比上一年明显增长。2022 年，科研

———————

① "当年到账金额"为当年新签订和往年签订的合同在当年实际到账的总金额。由于科技成果转化合同对执行方式和执行周期的具体约定不同，部分转让、许可合同按执行周期进展分阶段拨付，通常情况下科研院所会基于当年实际到账金额实施奖励。因此，为了能够更加准确地反映科技成果转化产生的实时经济效益，对各单位转让、许可合同的当年到账金额进行了采集。

院所转让、许可合同当年到账金额共计 50.0 亿元，比上一年增长 26.3%（图 3-2-3）。其中，中央所属科研院所当年到账金额为 40.1 亿元，比上一年增长 41.3%；地方所属科研院所当年到账金额为 9.9 亿元，比上一年下降 9.4%。

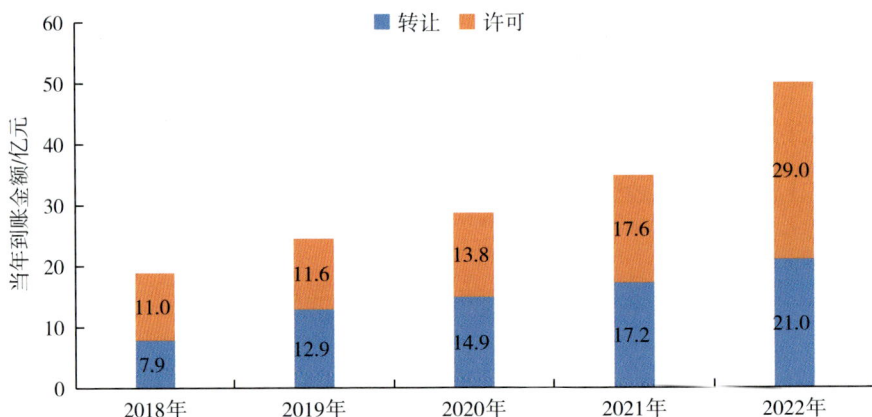

图 3-2-3　科研院所以转让、许可方式转化科技成果的当年到账金额

高价值成果转化效益凸显。2022 年，科研院所以转让、许可、作价投资 3 种方式转化科技成果单项合同金额 1 亿元及以上的合同有 18 项（表 3-2-1），5000 万元及以上的有 45 项，1000 万元及以上的有 187 项。

将单项合同金额超过 1 亿元的科技成果按转化至单位所在地区来看[①]，其中 14 项转化至东部地区（北京市 5 项、上海市 6 项、天津市 1 项、江苏省 1 项、山东省 1 项），2 项转化至西部地区（陕西省 1 项、

---

① 根据国家统计局公布的《东西中部和东北地区划分方法》,本报告中东部、中部、西部、东北地区分别指：东部地区包括北京、天津、河北、上海、江苏、浙江、福建、山东、广东和海南（10 个省份）；中部地区包括山西、安徽、江西、河南、湖北和湖南（6 个省份）；西部地区包括内蒙古、广西、重庆、四川、贵州、云南、西藏、陕西、甘肃、青海、宁夏和新疆（12 个省份）；东北地区包括辽宁、吉林和黑龙江（3 个省份）。

四川省 1 项），1 项转化至中部地区（河南省 1 项），1 项转化至东北地区（辽宁省 1 项）；按转化至单位类型来看，其中 9 项转化至国有企业（5 项转化至大型国有企业、4 项转化至中小微国有企业），9 项转化至其他企业（9 项转化至中小微其他企业）。

表 3-2-1　科研院所单项合同金额 1 亿元及以上的转让、许可、
作价投资成果分布

序号	科研院所名称	转化方式	合同项数 / 项
1	上海微小卫星工程中心	作价投资	1
2	西安微电子技术研究所	作价投资	1
3	中国工程物理研究院应用电子学研究所	作价投资	1
4	中国航发北京航空材料研究院	许可	1
5	中国航空工业集团公司西安航空计算技术研究所	作价投资	1
6	中国疾病预防控制中心	转让	1
7	中国疾病预防控制中心病毒病预防控制所	转让	1
8	中国科学院大连化学物理研究所	转让	1
9	中国科学院动物研究所	许可	1
10	中国科学院力学研究所	作价投资	1
11	中国科学院上海药物研究所	转让	3
12	中国科学院上海有机化学研究所	转让	1
13	中国科学院天津工业生物技术研究所	转让	1
14	中国科学院微生物研究所	许可	1
15	中国医学科学院药物研究所	转让	2

（一）转让、许可、作价投资合同对比

从合同金额维度看，转让合同金额和许可合同金额有所增长，作价投资合同金额大幅下降。2022年，科研院所以转让方式转化科技成果的合同金额为51.6亿元，比上一年增长19.4%；以许可方式转化科技成果的合同金额为36.8亿元，比上一年增长18.3%；以作价投资方式转化科技成果的合同金额为16.5亿元，比上一年下降60.2%（图3-2-4）。

图3-2-4　科研院所以转让、许可、作价投资方式转化科技成果的合同金额

作价投资方式平均合同金额最高，是转让方式平均合同金额的4.6倍，是许可方式平均合同金额的9.2倍。2022年，科研院所以转让方式转化科技成果的平均合同金额为247.9万元，比上一年增长21.7%；以许可方式转化科技成果的平均合同金额为123.3万元，比上一年下降9.0%；以作价投资方式转化科技成果的平均合同金额为1137.5万元，比上一年下降48.3%（图3-2-5）。

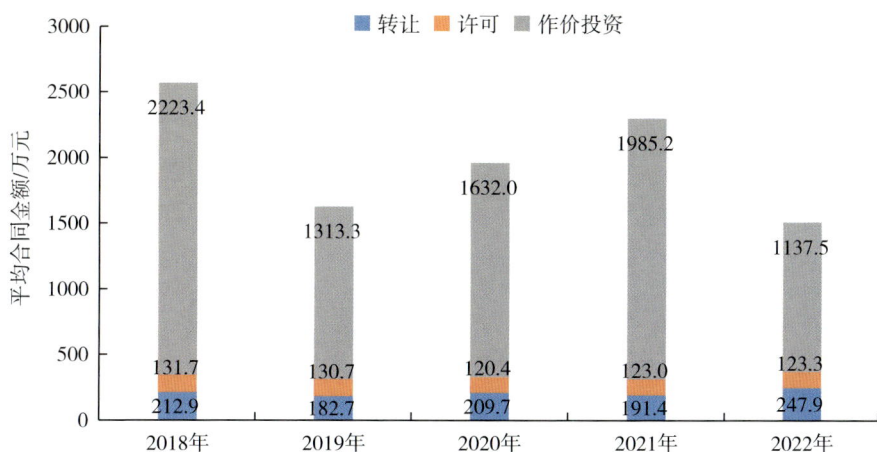

图 3-2-5　科研院所以转让、许可、作价投资方式转化科技成果的
平均合同金额

许可合同项数最多，占 3 种方式总合同项数（5206 项）的 57.2%。
2022 年，科研院所以转让方式转化科技成果的合同项数为 2081 项，比
上一年下降 1.9%；以许可方式转化科技成果的合同项数为 2980 项，
比上一年增长 30.0%；以作价投资方式转化科技成果的合同项数为 145
项，比上一年下降 23.0%（图 3-2-6）。

图 3-2-6　科研院所以转让、许可、作价投资方式转化科技成果的合同项数

（二）中央所属科研院所转让、许可、作价投资情况

中央所属科研院所合同金额有所下降，合同项数略有增长。2022年，中央所属科研院所以转让、许可、作价投资3种方式转化科技成果的合同金额为82.0亿元，比上一年下降11.8%；合同项数为1826项，比上一年增长6.3%（图3-2-7）。

图3-2-7　中央所属科研院所以转让、许可、作价投资方式转化科技成果的合同金额和合同项数

（三）地方所属科研院所转让、许可、作价投资情况

地方所属科研院所合同金额略有增长，合同项数有所增长。2022年，地方所属科研院所以转让、许可、作价投资3种方式转化科技成果的合同金额为22.9亿元，比上一年增长9.7%；合同项数为3380项，比上一年增长17.8%（图3-2-8）。

2022年，地方所属科研院所以转让、许可、作价投资方式转化科技成果的合同金额排名前3位的省份分别是上海市（3.9亿元）、安徽省

（3.3亿元）、浙江省（2.3亿元）（图3-2-9）。

图 3-2-8　地方所属科研院所以转让、许可、作价投资方式转化科技成果的合同
金额和合同项数

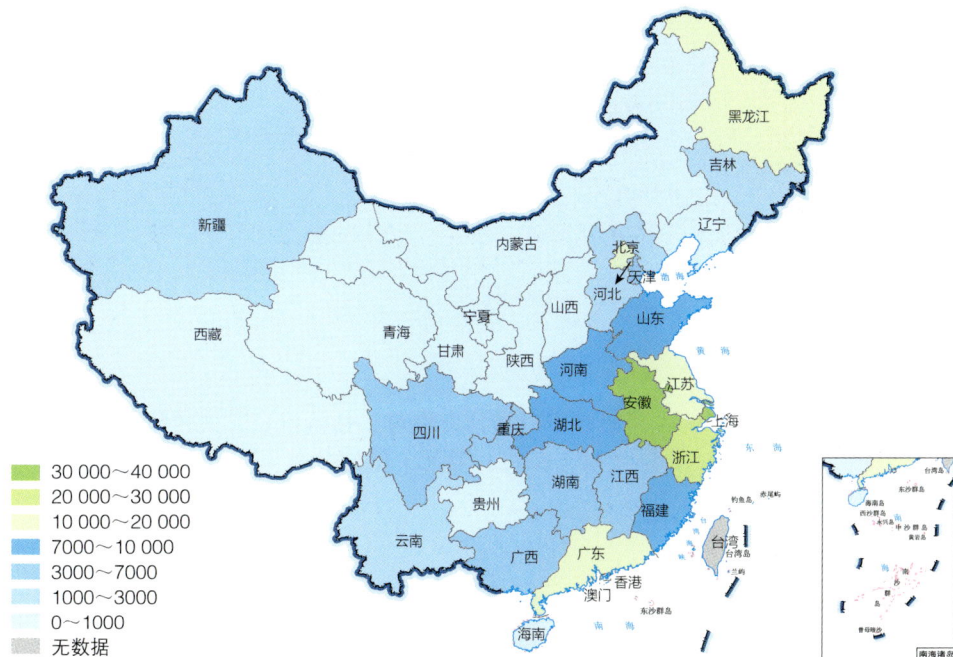

图 3-2-9　地方所属科研院所以转让、许可、作价投资方式转化科技成果的合同
金额（单位：万元）区间分布

（四）辖区内科研院所[①]转让、许可、作价投资情况

按照科研院所所在地统计，2022年各地方辖区内科研院所以转让、许可、作价投资方式转化科技成果合同金额排名前3位的省份分别是北京市（33.0亿元）、上海市（29.9亿元）、天津市（4.9亿元）（图3-2-10）。

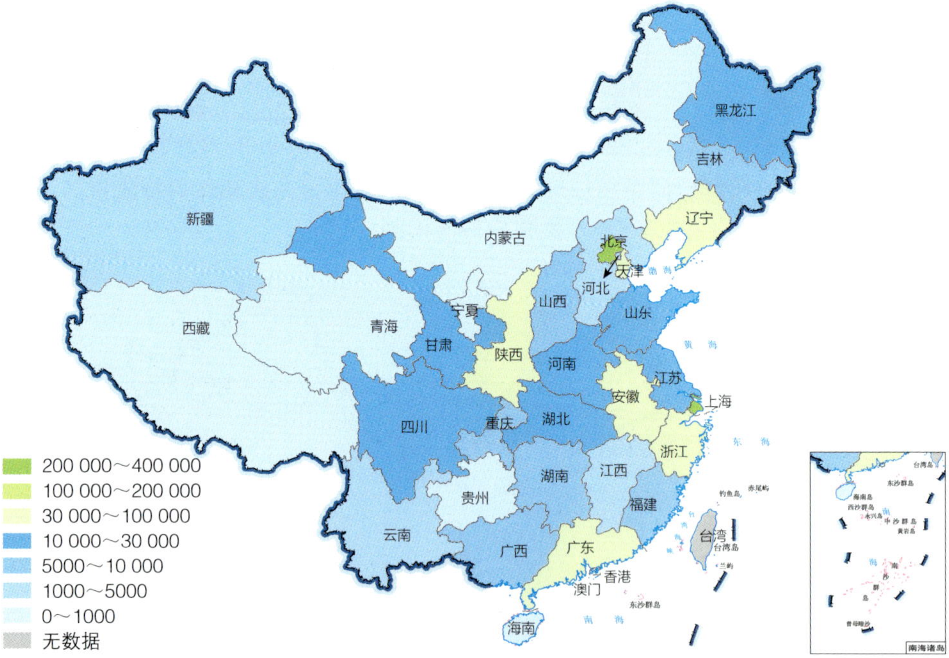

图3-2-10　各地方辖区内科研院所以转让、许可、作价投资方式转化科技成果的合同金额（单位：万元）区间分布

---

① 辖区数据为按照单位所在地统计的数据，是各地方所属单位及其辖区内中央所属单位相应数据的加和。

二、转让方式

转让合同金额有所增长，合同项数略有下降。2022 年，科研院所以转让方式转化科技成果的合同金额为 51.6 亿元，比上一年增长 19.4%；合同项数为 2081 项，比上一年下降 1.9%（图 3-2-11）；平均合同金额为 247.9 万元，比上一年增长 21.7%。

图 3-2-11　科研院所以转让方式转化科技成果的合同金额和合同项数

三、许可方式

许可合同金额有所增长，合同项数明显增长。2022 年，科研院所以许可方式转化科技成果的合同金额为 36.8 亿元，比上一年增长 18.3%；合同项数为 2980 项，比上一年增长 30.0%（图 3-2-12）；平均合同金额为 123.3 万元，比上一年下降 9.0%。

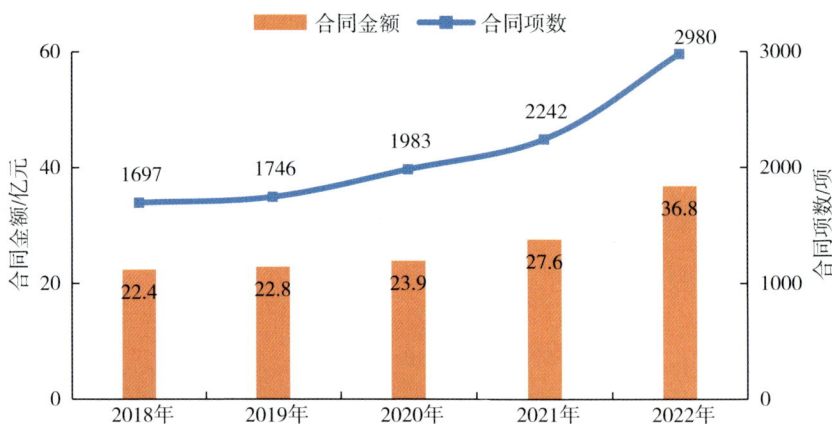

图 3-2-12　科研院所以许可方式转化科技成果的合同金额和合同项数

四、作价投资方式

作价投资合同金额和项数均下降。2022年，科研院所以作价投资方式转化科技成果的合同金额为16.5亿元，比上一年下降60.2%；合同项数为145项，比上一年下降23.0%（图3-2-13）；平均合同金额为1137.5万元，比上一年下降48.3%。

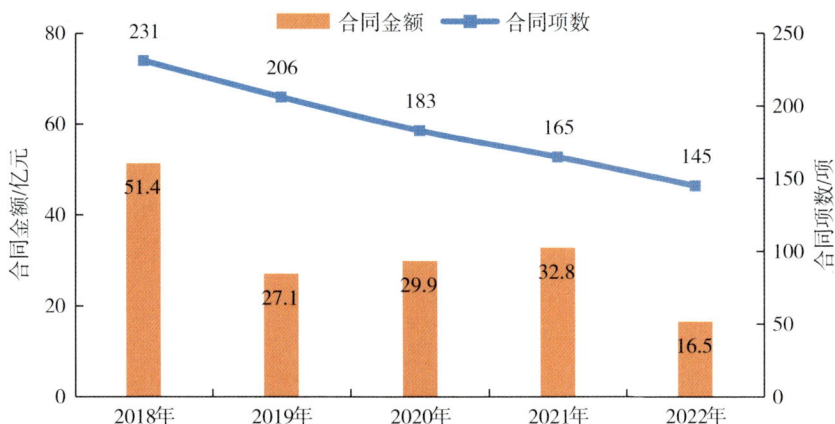

图 3-2-13　科研院所以作价投资方式转化科技成果的合同金额和合同项数

五、科技成果转化定价方式

协议定价方式是科技成果转化的主要定价方式。2022 年，科研院所以转让、许可、作价投资方式转化科技成果的 5206 项合同中，采用协议定价方式的有 4904 项，占总数的 94.2%，总合同金额为 97.3 亿元，平均合同金额为 198.5 万元；采用拍卖方式的有 110 项，占总数的 2.1%，总合同金额为 1.1 亿元，平均合同金额为 102.9 万元；采用挂牌交易方式的有 192 项，占总数的 3.7%，总合同金额为 6.4 亿元，平均合同金额为 332.5 万元（图 3-2-14）。

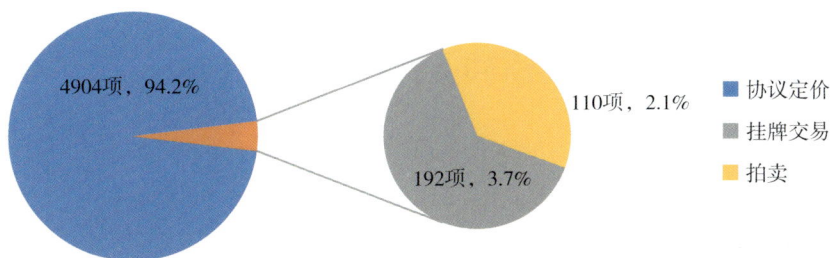

图 3-2-14　科研院所以转让、许可、作价投资方式转化科技成果的定价方式

科技成果转化定价过程中，经过评估的转化成果为 1358 项，占总数的 26.1%，总合同金额为 63.6 亿元，平均合同金额为 468.1 万元；未经过评估的转化成果为 3848 项，占总数的 73.9%，总合同金额为 41.3 亿元，平均合同金额为 107.3 万元（图 3-2-15）。

图 3-2-15　科研院所转让、许可、作价投资合同定价过程中的评估情况

六、科技成果转化流向

（一）科技成果承接单位类型 [①]

科技成果主要转化至境内中小微企业。2022 年，科研院所科技成果以转让、许可、作价投资方式转化到境内、境外的合同金额分别是 104.8 亿元、499 万元，占比分别为 99.95%、0.05%（图 3-2-16），科技成果以转让、许可、作价投资方式转化到境内、境外的合同项数分别是 5200 项、6 项，占比分别为 99.9%、0.1%（图 3-2-17）。

---

① 　"中小微企业"和"大型企业"标准参考《国家统计局关于印发统计上大中小微型企业划分办法的通知》（国统字〔2011〕75 号），"国有企业"标准参考《关于划分企业登记注册类型的规定调整的通知》（国统字〔2011〕86 号），非国有企业归类为"其他企业"。

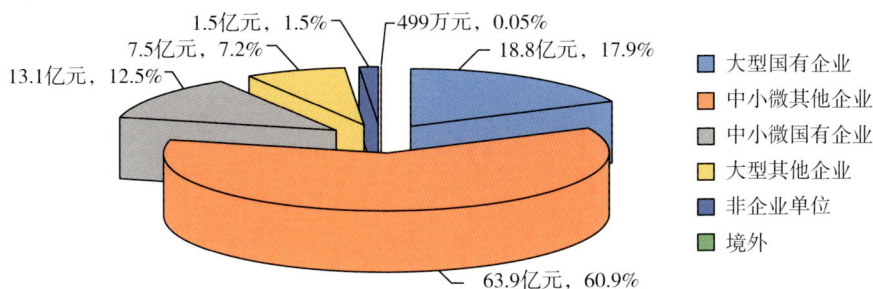

图 3-2-16　科研院所以转让、许可、作价投资方式转化科技成果的
承接单位合同金额分布

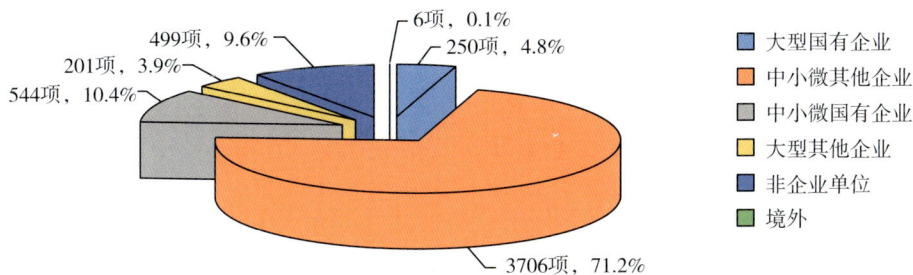

图 3-2-17　科研院所以转让、许可、作价投资方式转化科技成果的
承接单位合同项数分布

　　在境内转化的科技成果中，转化至中小微企业、大型企业、非企业单位的科技成果合同金额分别为 77.0 亿元、26.3 亿元、1.5 亿元，占总合同金额的比重分别为 73.4%、25.1%、1.5%，分别比上一年下降 0.8%、下降 21.5%、下降 37.1%（图 3-2-18）；转化至中小微企业、非企业单位、大型企业的科技成果合同项数分别为 4250 项、499 项、451 项，占总合同项数的比重分别为 81.6%、9.6%、8.7%，分别比上一年增长 18.9%、下降 8.2%、下降 5.3%（图 3-2-19）。

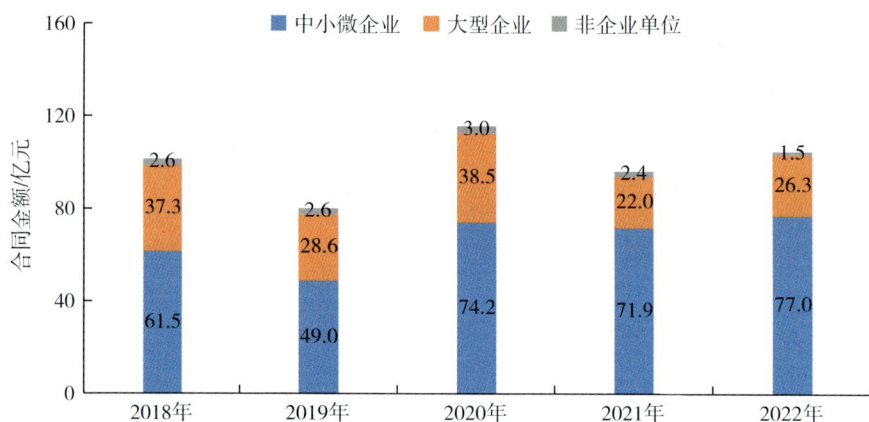

图 3-2-18　科研院所与境内单位签订转让、许可、作价投资合同金额

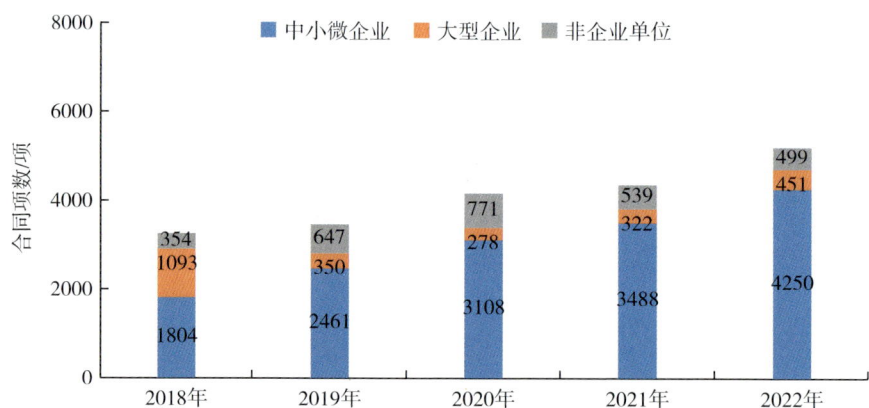

图 3-2-19　科研院所与境内单位签订转让、许可、作价投资合同项数

（二）科技成果承接单位所在地

　　科技成果转化至上海市的合同金额最高，转化至广东省的合同项数最多。按照科技成果承接单位所在地统计，2022 年科研院所以转让、许可、作价投资方式转化科技成果至地方合同金额排名前 3 位的省份分别是上海市、北京市、江苏省，科技成果转化合同金额分别为 26.3 亿

元、19.8 亿元、7.1 亿元，占以转让、许可、作价投资方式转化科技成果总合同金额的比重分别为 25.1%、18.9%、6.8%（图 3-2-20）。转化科技成果至地方合同项数排名前 3 位的省份分别是广东省、江苏省、北京市，合同项数分别为 641 项、435 项、418 项。

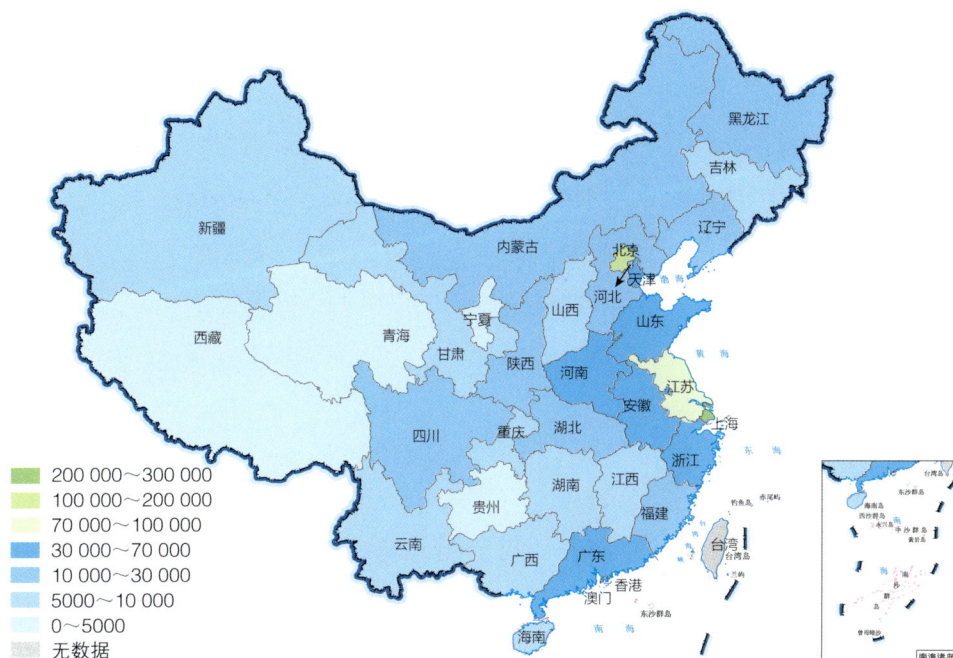

图 3-2-20　科研院所与各地方辖区内单位签订的转让、许可、作价投资合同金额（单位：万元）区间分布

按地方承接科技成果所属行业统计，2022 年承接科研院所以转让、许可、作价投资方式转化的科技成果合同金额排名前 10 位的省份中合同金额最高的行业有 5 个是科学研究和技术服务业，4 个是制造业，1 个是卫生和社会工作（表 3-2-2）。

表 3-2-2　与科研院所签订转让、许可、作价投资合同金额排名前 10 位的省份

排名	省份	合同金额 / 万元	合同金额最高的行业
1	上海市	263 090.8	科学研究和技术服务业
2	北京市	198 459.6	卫生和社会工作
3	江苏省	71 108.9	科学研究和技术服务业
4	山东省	59 072.9	科学研究和技术服务业
5	广东省	58 177.1	科学研究和技术服务业
6	安徽省	45 834.4	制造业
7	浙江省	38 285.1	制造业
8	天津市	36 688.4	制造业
9	河南省	33 604.4	制造业
10	四川省	29 317.2	科学研究和技术服务业

（三）科技成果行业领域

科技成果转化至制造业的合同金额最高，转化至农、林、牧、渔业的合同项数最多。按照科技成果应用的行业统计[①]，2022 年科研院所在境内以转让、许可、作价投资方式转化科技成果合同金额排名前 3 位的依次是"制造业""科学研究和技术服务业""农、林、牧、渔业"，其合同金额分别为 33.4 亿元、30.5 亿元、16.1 亿元，占以转让、许可、作价投资方式转化科技成果总合同金额的比重分别为 31.8%、29.0%、15.4%（图 3-2-21）；合同项数排名前 3 位的依次是"农、林、牧、渔

---

① 按照国民经济行业门类，选取与科技相关性强的 9 个门类作为选项，剩余门类均归为"其他"，包括：①农、林、牧、渔业；②制造业；③电力、热力、燃气及水生产和供应业；④交通运输、仓储和邮政业；⑤信息传输、软件和信息技术服务业；⑥科学研究和技术服务业；⑦水利、环境和公共设施管理业；⑧卫生和社会工作；⑨文化、体育和娱乐业；⑩其他。

业""科学研究和技术服务业""制造业",其合同项数分别为3030项、829项、578项。

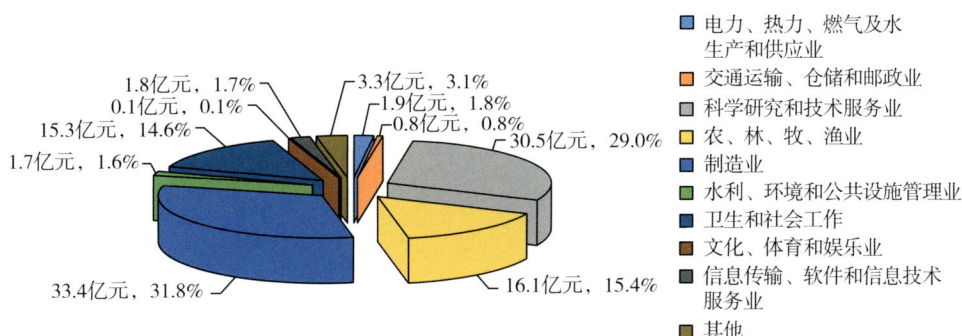

图 3-2-21 科研院所以转让、许可、作价投资方式在境内转化科技成果
合同金额的行业分布

（四）本地转化和跨区域转化

50%以上（按合同金额占比计）科技成果在本地实现转化，服务本地企业，促进本地经济发展。按照科研院所科技成果产出区域和转让、许可、作价投资转化至的区域统计，2022年在本地实现转化合同金额排名前3位的省份分别是上海市（20.8亿元）、北京市（17.9亿元）、天津市（3.5亿元）（表3-2-3）。

表 3-2-3 科研院所与本地方辖区内单位签订转让、许可、作价投资合同金额
排名前 10 位的省份

排名	省份	本地转化合同金额 / 亿元	占本地产出合同金额的比重	本地转化合同项数 / 项	占本地产出合同项数的比重
1	上海市	20.8	69.6%	140	38.8%
2	北京市	17.9	54.3%	288	38.0%

排名	省份	本地转化合同金额 / 亿元	占本地产出合同金额的比重	本地转化合同项数 / 项	占本地产出合同项数的比重
3	天津市	3.5	70.3%	28	31.8%
4	安徽省	3.0	90.3%	111	82.8%
5	四川省	2.5	89.8%	149	73.0%
6	辽宁省	2.4	63.3%	102	57.0%
7	广东省	1.8	60.2%	467	74.1%
8	浙江省	1.8	50.1%	257	70.0%
9	江苏省	1.7	73.3%	236	80.0%
10	陕西省	1.4	37.0%	23	56.1%

2022 年，本地方辖区内科研院所科技成果以转让、许可、作价投资方式转化到外区域的合同金额为 39.8 亿元，占总合同金额的 38.0%；合同项数为 1716 项，占总合同项数的 33.0%。

承接其他地方科技成果合同金额排名前 3 位的省份是上海市（5.5 亿元）、江苏省（5.4 亿元）、山东省（4.9 亿元）（图 3-2-22）；合同项数排名前 3 位的省份是江苏省（199 项）、山东省（175 项）、广东省（174 项）（图 3-2-23）。

本地方产出科技成果输出至其他地方合同金额排名前 3 位的省份是北京市（15.1 亿元）、上海市（9.1 亿元）、陕西省（2.4 亿元）（图 3-2-22）；合同项数排名前 3 位的省份是北京市（469 项）、上海市（221 项）、广东省（163 项）（图 3-2-23）。

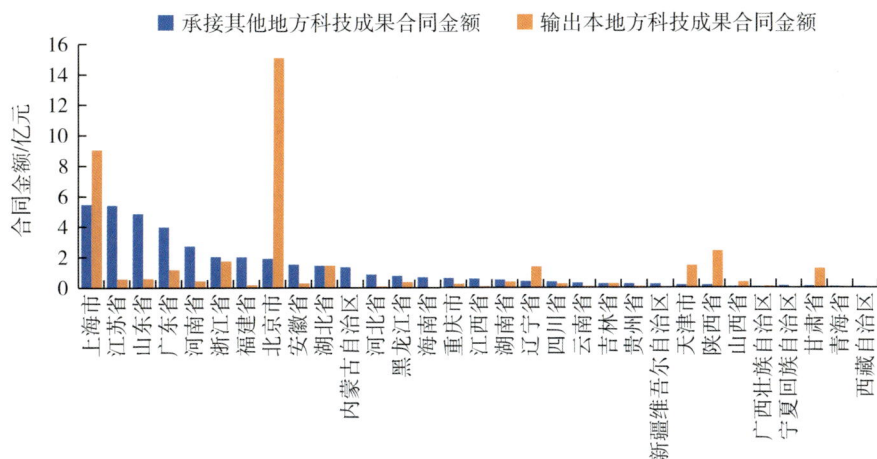

图 3-2-22　各地方承接 / 输出的科研院所转让、许可、作价投资成果的合同金额

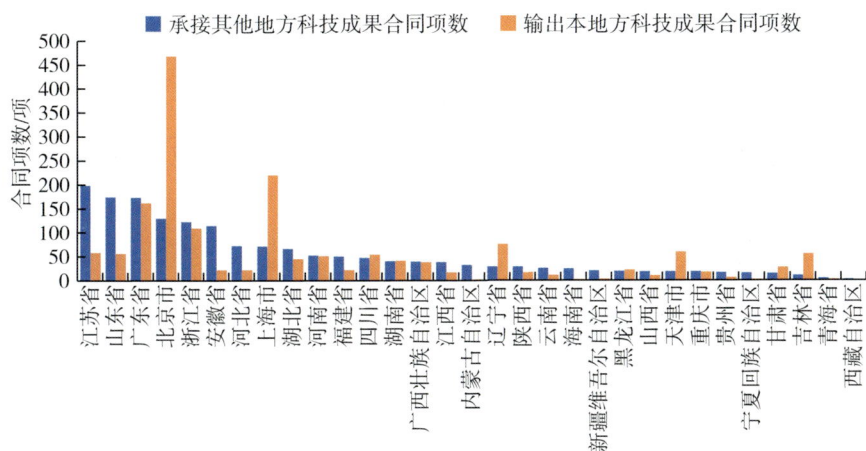

图 3-2-23　各地方承接 / 输出的科研院所转让、许可、作价投资成果的合同项数

第三章
财政资助项目的科技成果转化

财政资助项目产生的科技成果以转让、许可、作价投资方式转化的合同金额明显下降，合同项数明显增长。其中，中央财政资助项目产生的科技成果转化合同金额显著下降，合同项数有所增长。

一、总体情况

（一）全国财政资助项目[①]成果

全国财政资助项目成果合同金额明显下降，合同项数明显增长。2022 年，科研院所以转让、许可、作价投资 3 种方式转化财政资助项目成果合同金额为 31.3 亿元，比上一年下降 32.1%，占科研院所 3 种方式转化总合同金额（104.8 亿元）的 29.8%；合同项数为 1882 项，比上一年增长 29.2%，占科研院所 3 种方式转化总合同项数（5206 项）的 36.2%（图 3-3-1）。

[①] 全国财政资助项目包括中央财政资助项目和地方财政资助项目。

图 3-3-1　科研院所财政资助项目成果以转让、许可、作价投资方式转化的
合同金额和合同项数

（二）中央财政资助项目成果

中央财政资助项目成果合同金额显著下降，合同项数有所增长。2022 年，科研院所以转让、许可、作价投资 3 种方式转化中央财政资助项目成果合同金额为 23.8 亿元，比上一年下降 40.6%，占科研院所全国财政资助项目成果以 3 种方式转化总合同金额（31.3 亿元）的 76.3%；合同项数为 966 项，比上一年增长 11.7%，占科研院所全国财政资助项目成果以 3 种方式转化总合同项数（1882 项）的 51.3%（图 3-3-2）。

图 3-3-2　科研院所中央财政资助项目成果以转让、许可、作价投资方式转化的
合同金额和合同项数

二、中央所属科研院所

（一）全国财政资助项目成果

中央所属科研院所全国财政资助项目成果合同金额明显下降，合同项数有所增长。2022 年，中央所属科研院所以转让、许可、作价投资 3 种方式转化财政资助项目成果合同金额为 25.0 亿元，比上一年下降 35.3%，占中央所属科研院所 3 种方式转化总合同金额（82.0 亿元）的 30.5%；合同项数为 677 项，比上一年增长 11.0%，占中央所属科研院所 3 种方式转化总合同项数（1826 项）的 37.1%（图 3-3-3）。

图 3-3-3　中央所属科研院所财政资助项目成果以转让、许可、作价投资方式
转化的合同金额和合同项数

（二）中央财政资助项目成果

中央所属科研院所中央财政资助项目成果合同金额明显下降，合同项数有所增长。2022 年，中央所属科研院所以转让、许可、作价投资 3 种方式转化中央财政资助项目成果合同金额为 21.5 亿元，比上一年下降 39.0%，占中央所属科研院所全国财政资助项目成果以 3 种方式转化总合同金额（25.0 亿元）的 86.1%；合同项数为 614 项，比上一年增长 10.7%，占中央所属科研院所全国财政资助项目成果以 3 种方式转化总合同项数（677 项）的 90.7%（图 3-3-4）。

图 3-3-4　中央所属科研院所中央财政资助项目成果以转让、许可、作价
投资方式转化的合同金额和合同项数

三、地方所属科研院所

（一）全国财政资助项目成果

地方所属科研院所全国财政资助项目成果合同金额有所下降，合同项数显著增长。2022 年，地方所属科研院所以转让、许可、作价投资 3 种方式转化财政资助项目成果合同金额为 6.2 亿元，比上一年下降14.4%，占地方所属科研院所 3 种方式转化总合同金额（22.9 亿元）的27.3%；合同项数为 1205 项，比上一年增长 42.8%，占地方所属科研院所 3 种方式转化总合同项数（3380 项）的 35.7%（图 3-3-5）。

2022 年，地方所属科研院所全国财政资助项目成果以转让、许可、作价投资 3 种方式转化的合同金额排名前 3 位的是北京市（1.1 亿元）、安徽省（0.8 亿元）、福建省（0.6 亿元）（图 3-3-6）。

图 3-3-5　地方所属科研院所财政资助项目成果以转让、许可、作价投资方式
转化的合同金额和合同项数

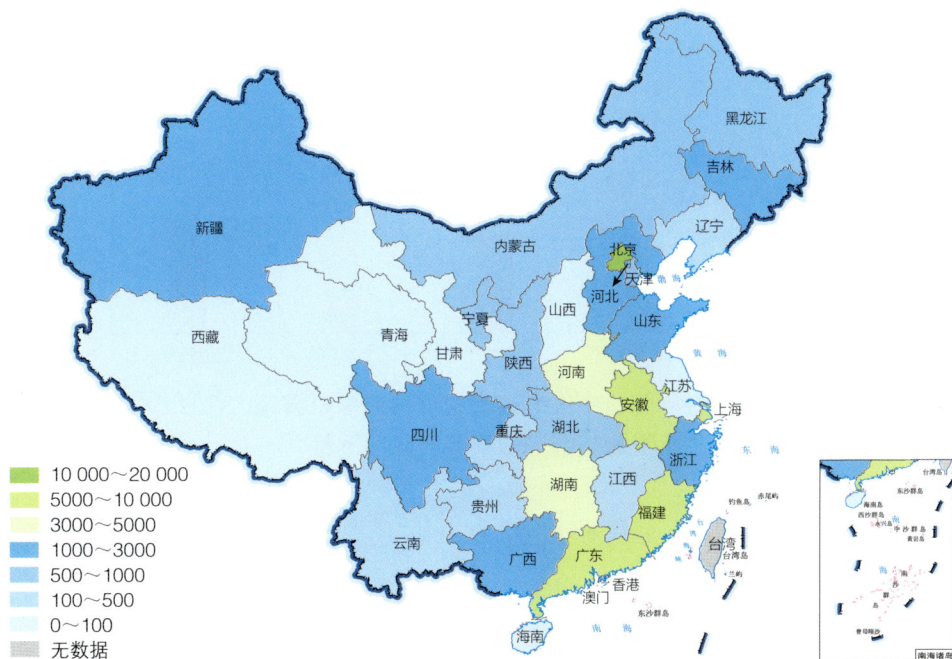

图 3-3-6　地方所属科研院所财政资助项目成果以转让、许可、作价投资方式
转化的合同金额（单位：万元）区间分布

（二）中央财政资助项目成果

地方所属科研院所中央财政资助项目成果合同金额显著下降，合同项数有所增长。2022年，地方所属科研院所以转让、许可、作价投资3种方式转化中央财政资助项目成果合同金额为2.3亿元，比上一年下降52.4%，占地方所属科研院所全国财政资助项目成果以3种方式转化总合同金额（6.2亿元）的36.9%；合同项数为352项，比上一年增长13.6%，占地方所属科研院所全国财政资助项目成果以3种方式转化总合同项数（1205项）的29.2%（图3-3-7）。

图3-3-7　地方所属科研院所中央财政资助项目成果以转让、许可、作价投资方式转化的合同金额和合同项数

2022年，地方所属科研院所中央财政资助项目成果以转让、许可、作价投资3种方式转化的合同金额排名前3位的是北京市（0.7亿元）、上海市（0.3亿元）、广东省（0.3亿元）（图3-3-8）。

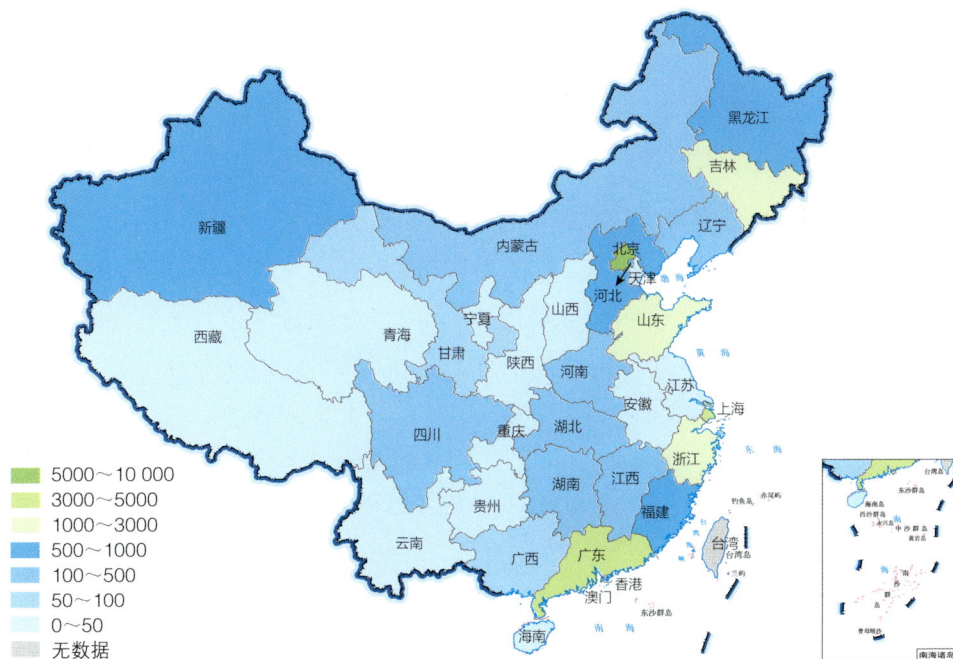

图 3-3-8　地方所属科研院所中央财政资助项目成果以转让、许可、作价投资方式转化的合同金额（单位：万元）区间分布

四、辖区内科研院所

（一）全国财政资助项目成果

按照科研院所所在地统计，2022 年各地方辖区内科研院所全国财政资助项目成果以转让、许可、作价投资 3 种方式转化的合同金额排名前 3 位的是北京市（11.0 亿元）、上海市（8.3 亿元）、天津市（4.1 亿元）（图 3-3-9）。

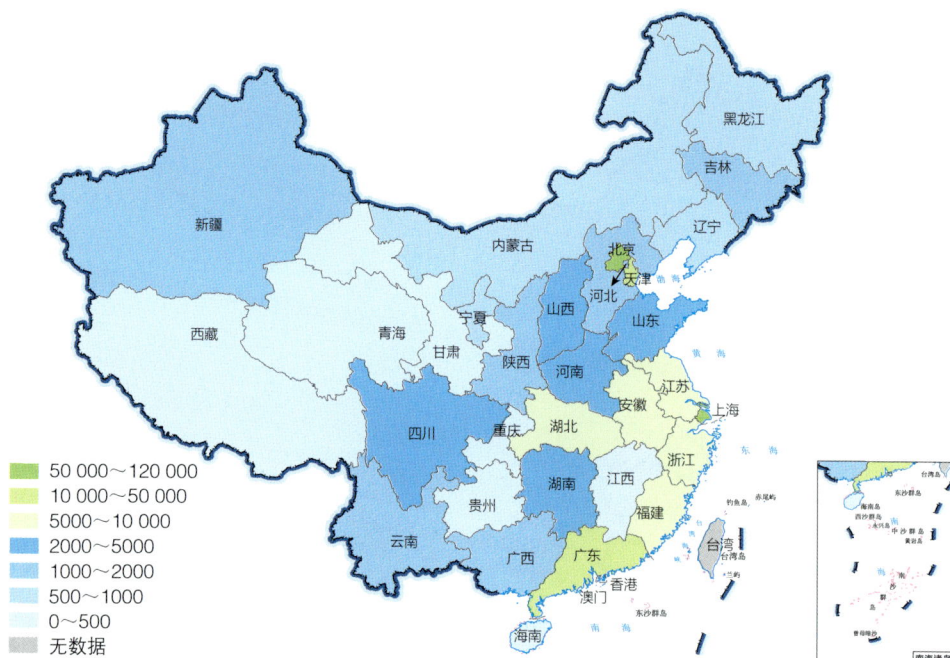

图3-3-9　各地方辖区内科研院所财政资助项目成果以转让、许可、作价投资方
式转化的合同金额（单位：万元）区间分布

（二）中央财政资助项目成果

2022年，各地方辖区内科研院所中央财政资助项目成果以转让、许可、作价投资3种方式转化的合同金额排名前3位的是北京市（10.2亿元）、上海市（8.1亿元）、广东省（1.1亿元）（图3-3-10）。

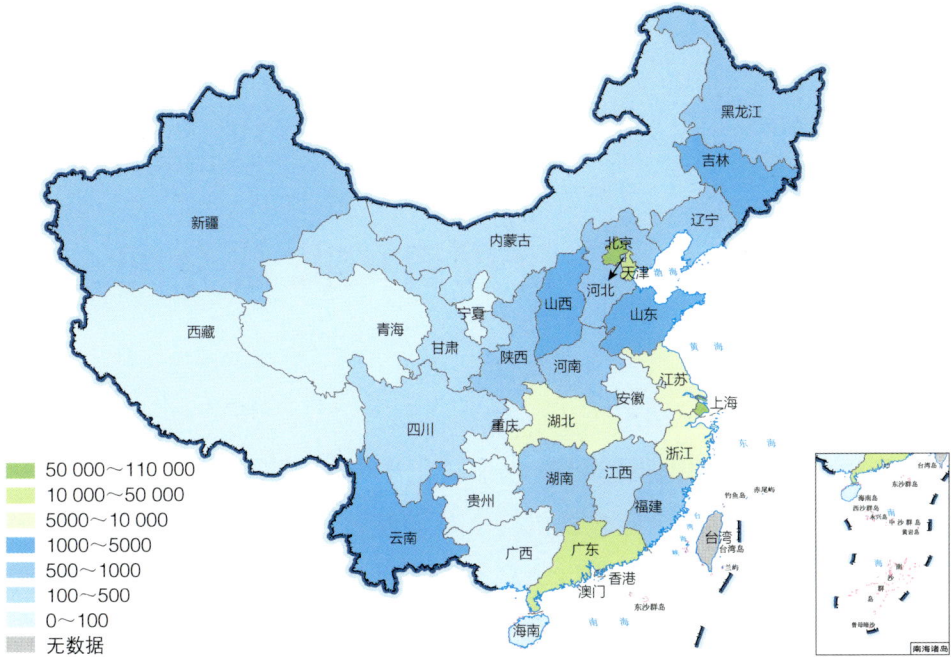

图 3-3-10 各地方辖区内科研院所中央财政资助项目成果以转让、许可、作价投资方式转化的合同金额（单位：万元）区间分布

第四章
转让、许可、作价投资的收益分配

《中华人民共和国促进科技成果转化法》将科技成果的使用权、处置权和收益权下放到研究开发机构、高等院校，科技成果转化后由科技成果完成单位对完成、转化该项科技成果做出重要贡献的人员给予奖励和报酬。《实施〈中华人民共和国促进科技成果转化法〉若干规定》要求，在研究开发和科技成果转化中做出主要贡献的人员，获得奖励的份额不低于奖励总额的 50%。

一、总体情况

（一）现金和股权合计

个人获得的现金和股权奖励明显下降。2022 年，科研院所个人获得的现金和股权奖励金额为 22.7 亿元，比上一年下降 30.2%，奖励个人金额超过 1 亿元的科研院所有 1 家；研发与转化主要贡献人员获得的现金和股权奖励金额为 18.6 亿元，比上一年下降 36.7%（图 3-4-1）。

2022 年，科研院所个人获得的现金和股权奖励占现金和股权总收入的比重为 44.4%（图 3-4-2），研发与转化主要贡献人员获得的现金和股权奖励占奖励个人金额的比重为 81.9%，符合《中华人民共和国促进科技成果转化法》和《实施〈中华人民共和国促进科技成果转化法〉若干规定》的比重要求。奖励人次为 51 274 人次，比上一年增长 16.2%。

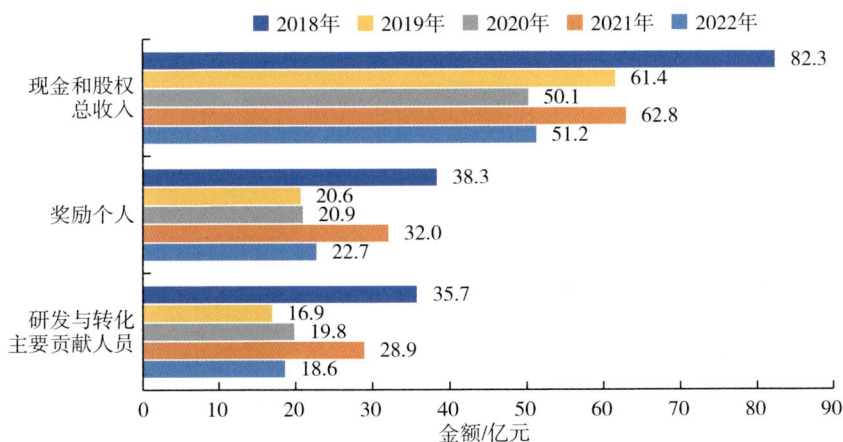

图 3-4-1　科研院所转让、许可、作价投资合同的现金和股权收益分配

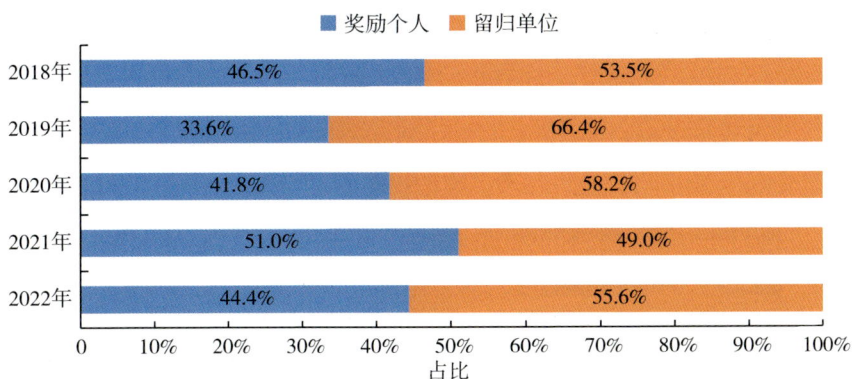

图 3-4-2　科研院所转让、许可、作价投资合同的现金和股权收益分配占比

（二）现金

个人获得的现金奖励有所增长。2022 年，科研院所个人获得的现

金奖励金额为 19.2 亿元,比上一年增长 16.6%,奖励个人金额超过 1 亿元的科研院所有 1 家;研发与转化主要贡献人员获得的现金奖励金额为 15.4 亿元,比上一年增长 13.3%(图 3-4-3)。

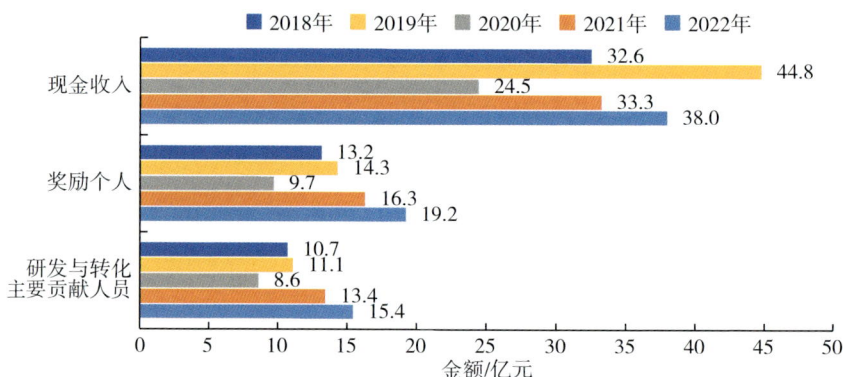

图 3-4-3 科研院所转让、许可合同的现金收益分配

2022 年,科研院所个人获得的现金奖励占现金收入的比重为 50.6%(图 3-4-4),研发与转化主要贡献人员获得的现金奖励占奖励个人金额的比重为 80.2%。奖励人次为 45 251 人次,比上一年增长 5.4%。

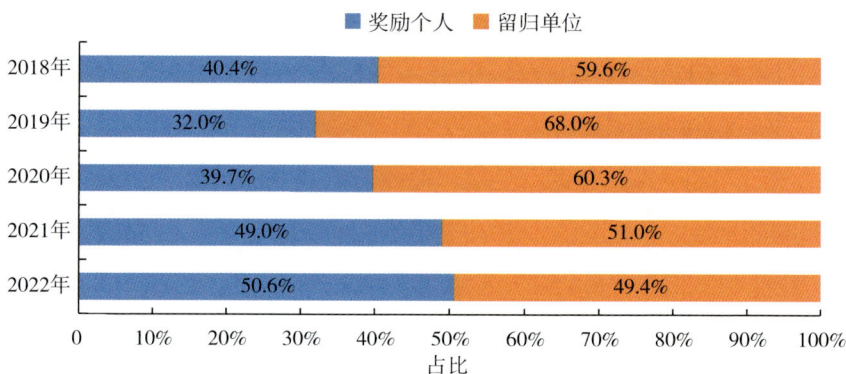

图 3-4-4 科研院所转让、许可合同的现金收益分配占比

二、中央所属科研院所

（一）现金和股权合计

中央所属科研院所个人获得的现金和股权奖励显著下降。2022 年，中央所属科研院所个人获得的现金和股权奖励金额为 15.5 亿元，比上一年下降 40.1%；研发与转化主要贡献人员获得的现金和股权奖励金额为 12.2 亿元，比上一年下降 49.0%（图 3-4-5）。

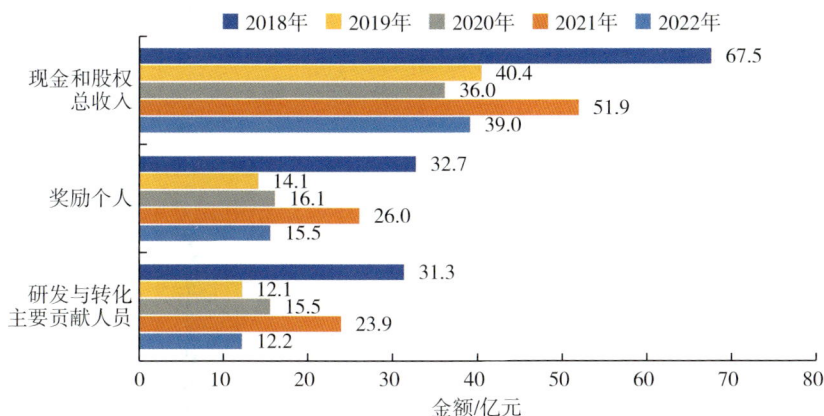

图 3-4-5　中央所属科研院所转让、许可、作价投资合同的现金和股权收益分配

2022 年，中央所属科研院所个人获得的现金和股权奖励占现金和股权总收入的比重为 39.8%（图 3-4-6），研发与转化主要贡献人员获得的现金和股权奖励占奖励个人金额的比重为 78.2%。奖励人次为 19 964 人次，比上一年增长 41.9%。

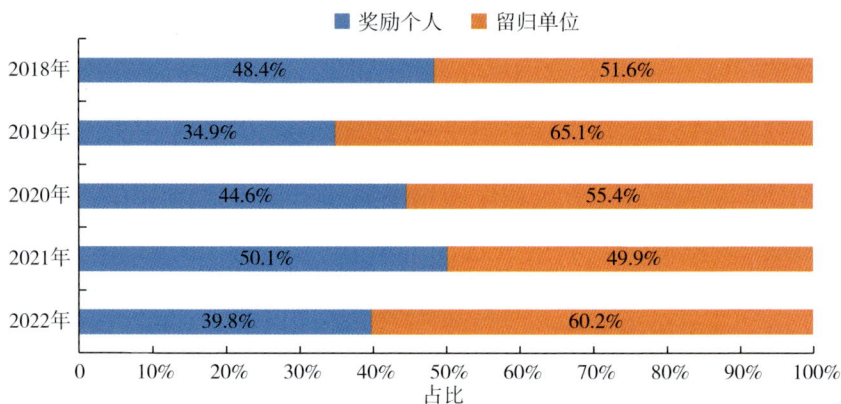

图 3-4-6　中央所属科研院所转让、许可、作价投资合同的现金和
股权收益分配占比

（二）现金

中央所属科研院所个人获得的现金奖励明显增长。2022 年，中央所属科研院所个人获得的现金奖励金额为 14.1 亿元，比上一年增长 25.4%；研发与转化主要贡献人员获得的现金奖励金额为 11.0 亿元，比上一年增长 16.8%（图 3-4-7）。

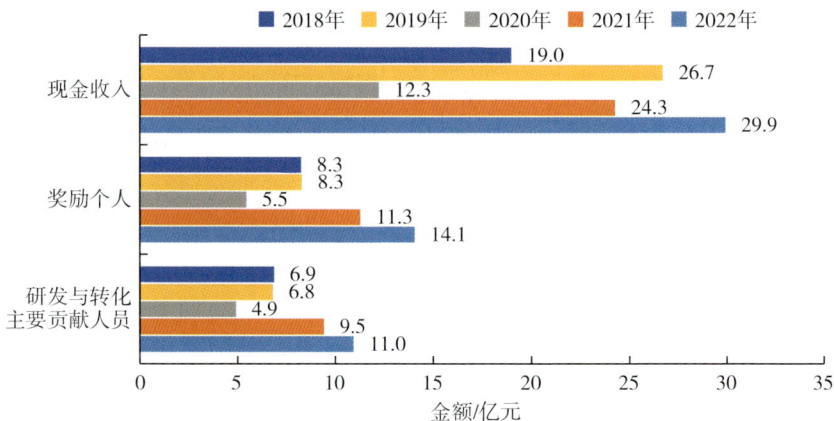

图 3-4-7　中央所属科研院所转让、许可合同的现金收益分配

2022 年，中央所属科研院所个人获得的现金奖励占现金收入的比重为 47.0%（图 3-4-8），研发与转化主要贡献人员获得的现金奖励占奖励个人金额的比重为 77.9%。奖励人次为 14 673 人次，比上一年增长 12.9%。

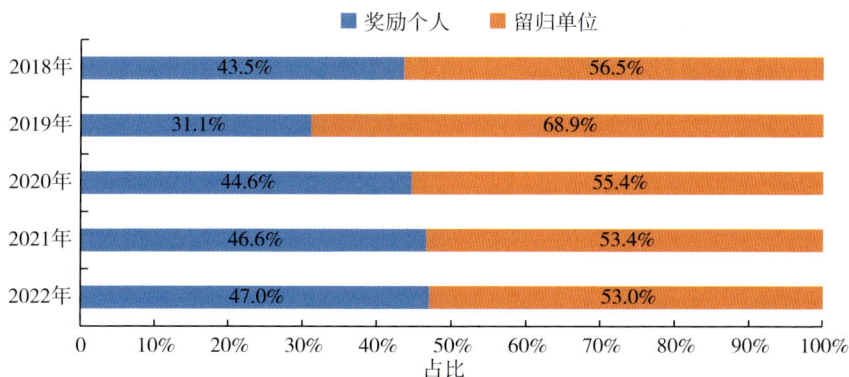

图 3-4-8 中央所属科研院所转让、许可合同的现金收益分配占比

三、地方所属科研院所

（一）现金和股权合计

地方所属科研院所个人获得的现金和股权奖励有所增长。2022 年，地方所属科研院所个人获得的现金和股权奖励金额为 7.2 亿元，比上一年增长 12.4%；研发与转化主要贡献人员获得的现金和股权奖励金额为 6.4 亿元，比上一年增长 21.4%（图 3-4-9）。

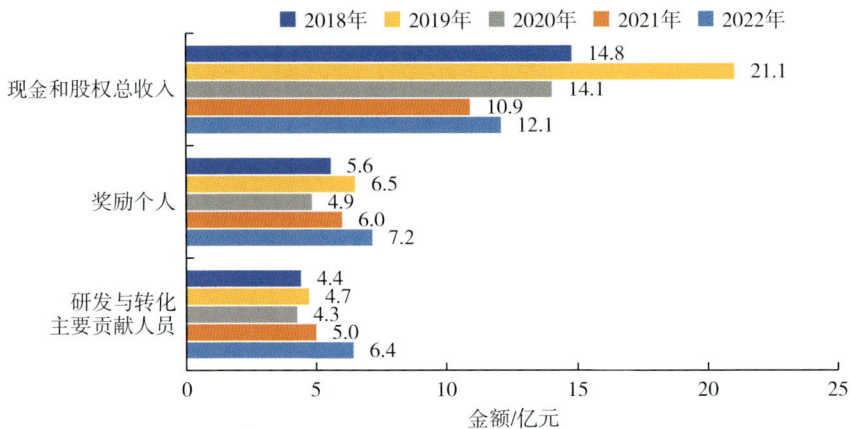

图 3-4-9　地方所属科研院所转让、许可、作价投资合同的现金和股权收益分配

2022 年，地方所属科研院所个人获得的现金和股权奖励占现金和股权总收入的比重为 59.2%（图 3-4-10），研发与转化主要贡献人员获得的现金和股权奖励占奖励个人金额的比重为 89.9%。奖励人次为31 310 人次，比上一年增长 4.0%。

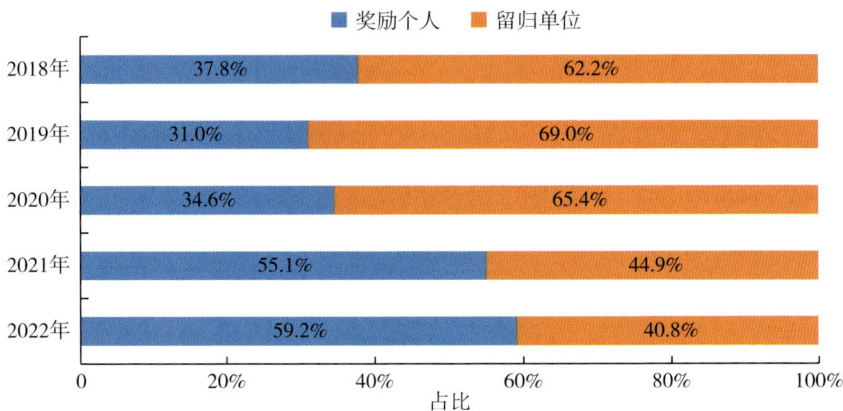

图 3-4-10　地方所属科研院所转让、许可、作价投资合同的现金和
股权收益分配占比

2022 年，地方所属科研院所当年实际完成分配的现金和股权收入排名前 3 位的是安徽省（2.6 亿元）、江苏省（1.0 亿元）、浙江省（1.0 亿元）（图 3-4-11）；奖励个人金额排名前 3 位的是安徽省（1.6 亿元）、黑龙江省（0.7 亿元）、浙江省（0.7 亿元）（图 3-4-12）；奖励研发与转化主要贡献人员金额排名前 3 位的是安徽省（1.6 亿元）、黑龙江省（0.6 亿元）、浙江省（0.6 亿元）；奖励人次排名前 3 位的是广东省（4180 人次）、江苏省（3893 人次）、河南省（3145 人次）。

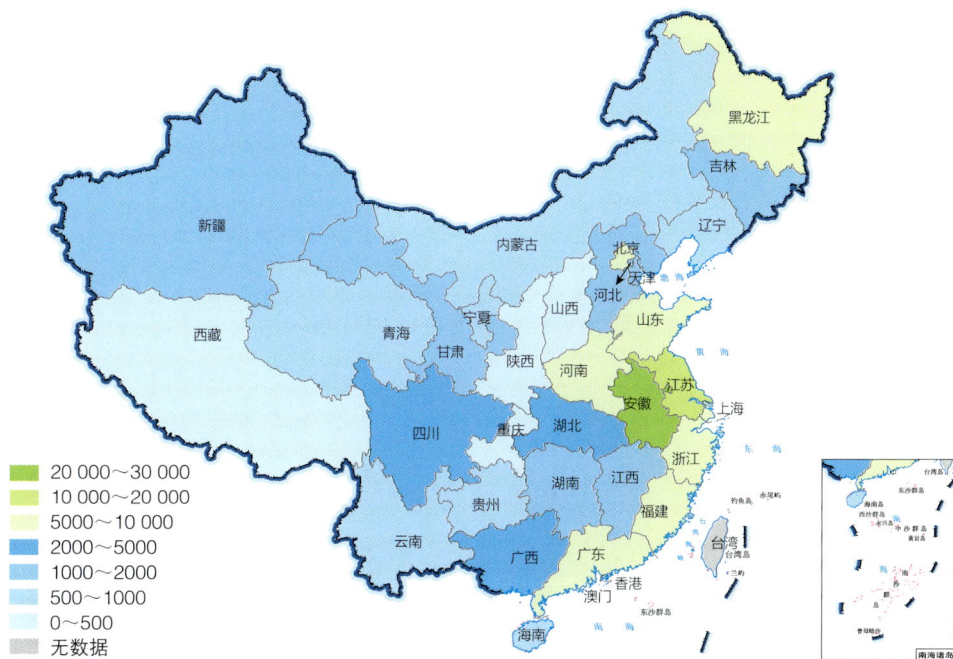

图 3-4-11 地方所属科研院所转让、许可、作价投资合同的现金和股权收入
（单位：万元）区间分布

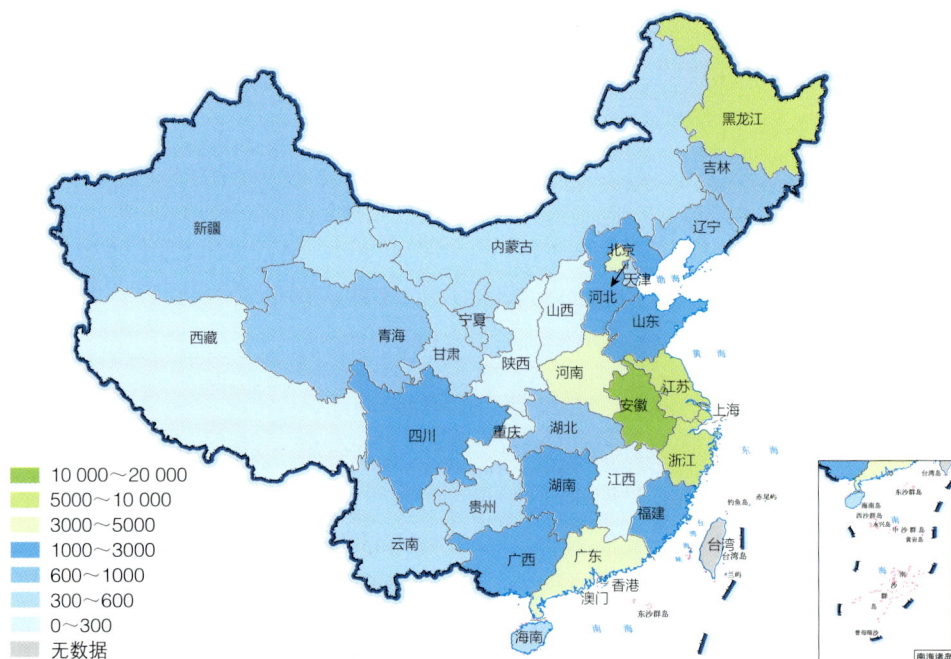

图 3-4-12 地方所属科研院所转让、许可、作价投资合同奖励个人的现金和股权
金额（单位：万元）区间分布

（二）现金

地方所属科研院所个人获得的现金奖励略有下降。2022年，地方所属科研院所个人获得的现金奖励金额为 5.1 亿元，比上一年下降 3.2%；研发与转化主要贡献人员获得的现金奖励金额为 4.5 亿元，比上一年增长 4.9%（图 3-4-13）。

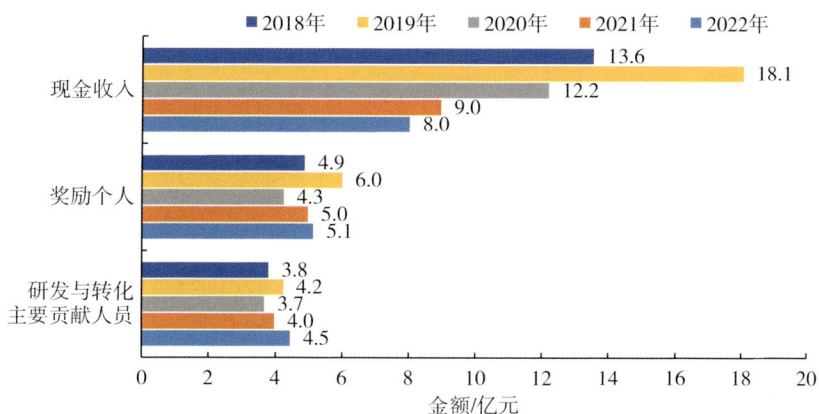

图 3-4-13　地方所属科研院所转让、许可合同的现金收益分配

　　2022 年，地方所属科研院所个人获得的现金奖励占现金收入的比重为 64.0%（图 3-4-14），研发与转化主要贡献人员获得的现金奖励占奖励个人金额的比重为 86.7%。奖励人次为 30 578 人次，比上一年增长 2.1%。

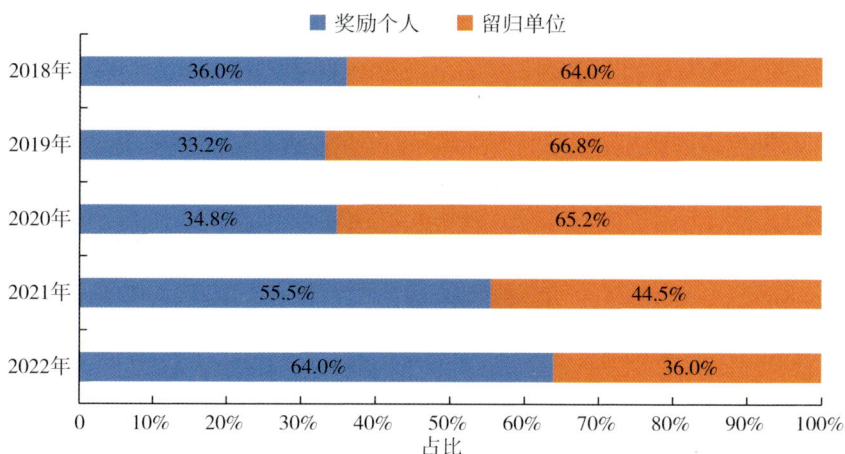

图 3-4-14　地方所属科研院所转让、许可合同的现金收益分配占比

四、辖区内科研院所

按科研院所所在地统计，2022年各地方辖区内科研院所当年实际完成分配的现金和股权收入排名前3位的是北京市（25.1亿元）、上海市（4.0亿元）、陕西省（3.3亿元）；奖励个人金额排名前3位的是北京市（11.2亿元）、上海市（1.9亿元）、安徽省（1.6亿元）(图3-4-15)；奖励研发与转化主要贡献人员金额排名前3位的是北京市（8.7亿元）、安徽省（1.6亿元）、上海市（1.3亿元）；奖励人次排名前3位的是北京市（12 090人次）、江苏省（6142人次）、广东省（4609人次）。

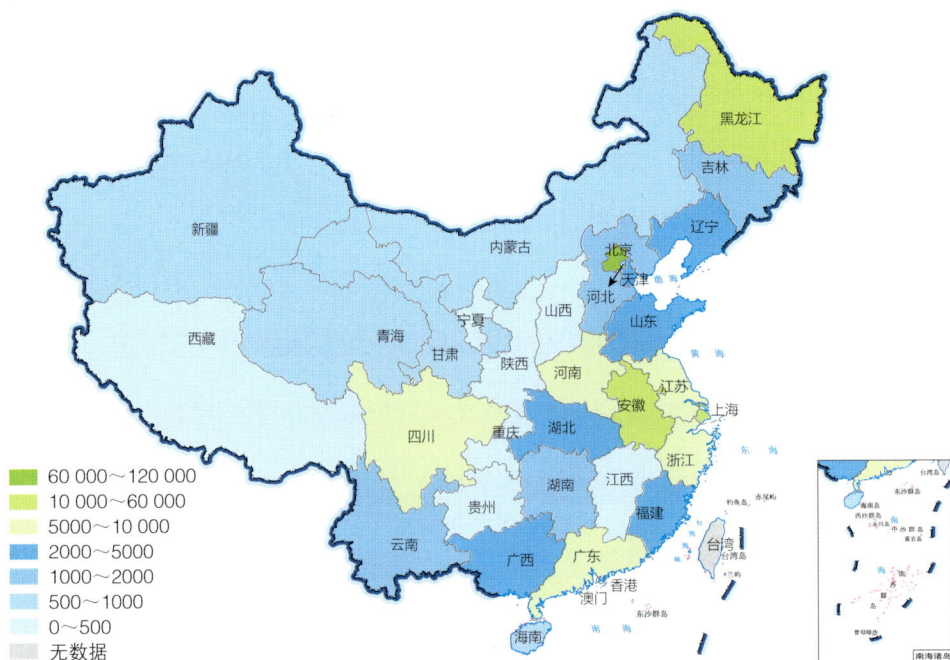

图3-4-15 各地方辖区内科研院所转让、许可、作价投资合同奖励个人的现金和股权金额（单位：万元）区间分布

第五章

技术开发、咨询、服务的进展成效

《实施〈中华人民共和国促进科技成果转化法〉若干规定》指出，国家设立的研究开发机构、高等院校按照规定格式报送的科技成果转化年度报告中，应包括签订的技术开发合同、技术咨询合同、技术服务合同等产学研合作情况。统计发现，2022 年 2284 家科研院所输出技术、服务能力不断强化，技术开发、咨询、服务数量和质量稳步提升。

一、总体情况

技术开发、咨询、服务合同金额有所增长，合同项数略有下降，当年到账金额略有增长。2022 年，科研院所签订技术开发、咨询、服务合同金额为 496.0 亿元，比上一年增长 15.5%，占科研院所以转让、许可、作价投资和技术开发、咨询、服务 6 种方式转化科技成果的总合同金额的 82.6%（2021 年占比为 80.3%）（图 3-5-1）；合同项数为275 208 项，比上一年下降 6.2%，占科研院所以 6 种方式转化科技成果总合同项数的 98.1%（2021 年占比为 98.5%）（图 3-5-2）；当年到账金额为 335.4 亿元，比上一年增长 9.8%。

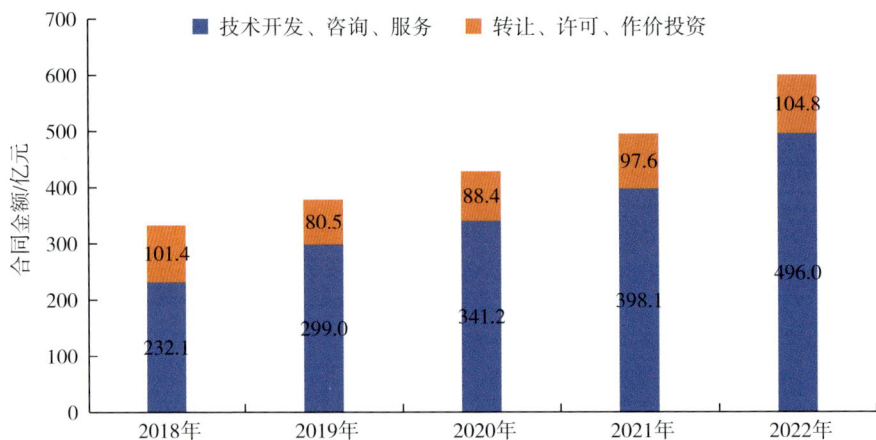

图 3-5-1　科研院所以多种方式转化科技成果的合同金额

图 3-5-2　科研院所以多种方式转化科技成果的合同项数

平均合同金额比上一年明显增长。2022 年，科研院所以技术开发、咨询、服务方式转化科技成果的平均合同金额为 18.0 万元，比上一年增长 23.1%。表 3-5-1 给出了科研院所以技术开发、咨询、服务方式转化科技成果的合同金额区间分布。

表 3-5-1　科研院所以技术开发、咨询、服务方式转化科技成果的
合同金额区间分布

合同金额区间	合同项数 / 项	合同项数占比	合同金额 / 万元	合同金额占比
1 亿元（含）以上	9	0.3‰	158 469.37	3.2%
1000 万（含）~ 1 亿元	362	0.1%	727 261.96	14.7%
100 万（含）~ 1000 万元	6518	2.4%	1 607 015.24	32.4%
100 万元以下	268 319	97.5%	2 467 423.87	49.7%
总计	275 208	—	4 960 170.44	—

2022 年，科研院所以技术开发、咨询、服务方式转化科技成果单项合同金额 1 亿元及以上的合同有 9 项（表 3-5-2），5000 万元及以上的有 28 项，1000 万元及以上的有 371 项。

表 3-5-2　科研院所以技术开发、咨询、服务方式转化科技成果单项合同
金额 1 亿元及以上的成果分布

序号	科研院所名称	合同项数 / 项
1	清华大学天津高端装备研究院	1
2	粤港澳大湾区数字经济研究院（福田）	1
3	郑州中科新兴产业技术研究院	1
4	中国工程物理研究院总体工程研究所	1
5	中国科学院工程热物理研究所	1
6	中国科学院空天信息创新研究院	2
7	中国科学院上海硅酸盐研究所	1
8	中国水利水电科学研究院	1

二、中央所属科研院所

中央所属科研院所技术开发、咨询、服务合同金额有所增长，合同项数有所下降，当年到账金额略有增长。2022年，中央所属科研院所签订的技术开发、咨询、服务合同金额为326.6亿元，比上一年增长17.8%；合同项数为45 604项，比上一年下降11.0%（图3-5-3）；当年到账金额为217.5亿元，比上一年增长7.3%。

图 3-5-3　中央所属科研院所签订的技术开发、咨询、服务合同金额和合同项数

三、地方所属科研院所

地方所属科研院所技术开发、咨询、服务合同金额有所增长，合同项数略有下降，当年到账金额有所增长。2022年，地方所属科研院所签订的技术开发、咨询、服务合同金额共169.4亿元，比上一年增长11.3%；合同项数为229 604项，比上一年下降5.2%（图3-5-4）；当年到账金额为117.9亿元，比上一年增长14.8%。

2022年，地方所属科研院所签订的技术开发、咨询、服务合同金额排名前3位的省份分别是广东省（41.2亿元）、浙江省（16.1亿元）、湖南省（16.0 亿元）（图 3-5-5），合同项数排名前 3 位的省份分别是广东省（151 320 项）、浙江省（14 534 项）、重庆市（13 397 项）。

图 3-5-4　地方所属科研院所签订的技术开发、咨询、服务合同金额和合同项数

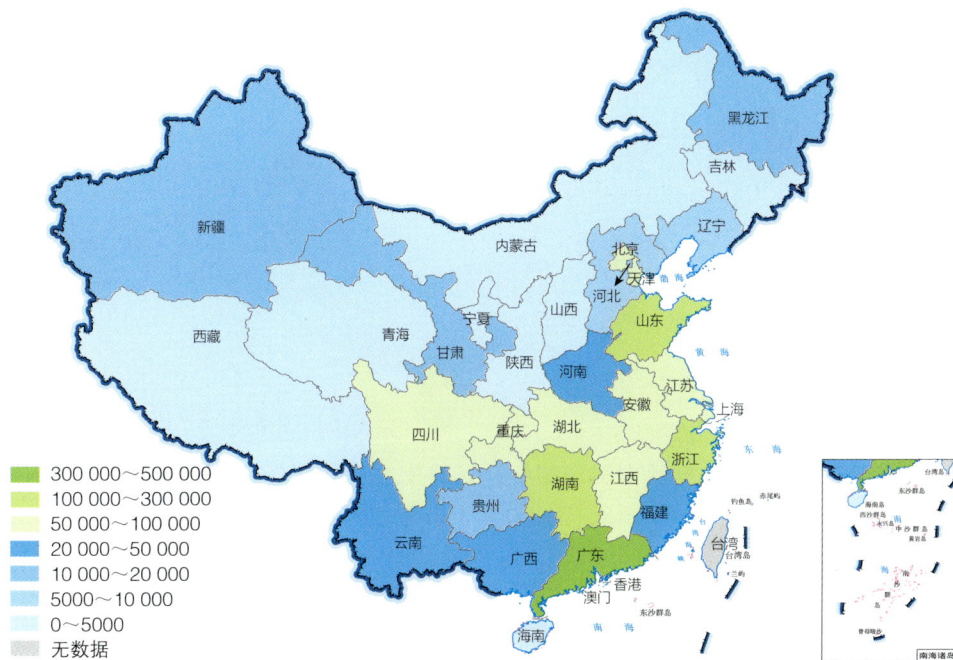

图 3-5-5　地方所属科研院所签订的技术开发、咨询、服务合同金额
（单位：万元）区间分布

四、辖区内科研院所

按照科研院所所在地统计，2022 年各地方辖区内科研院所以技术开发、咨询、服务方式转化科技成果合同金额排名前 3 位的省份分别是北京市（152.9 亿元）、广东省（62.8 亿元）、江苏省（35.1 亿元）（图3–5–6）；合同项数排名前 3 位的省份分别是广东省（154 248 项）、北京市（23 134 项）、浙江省（16 903 项）。

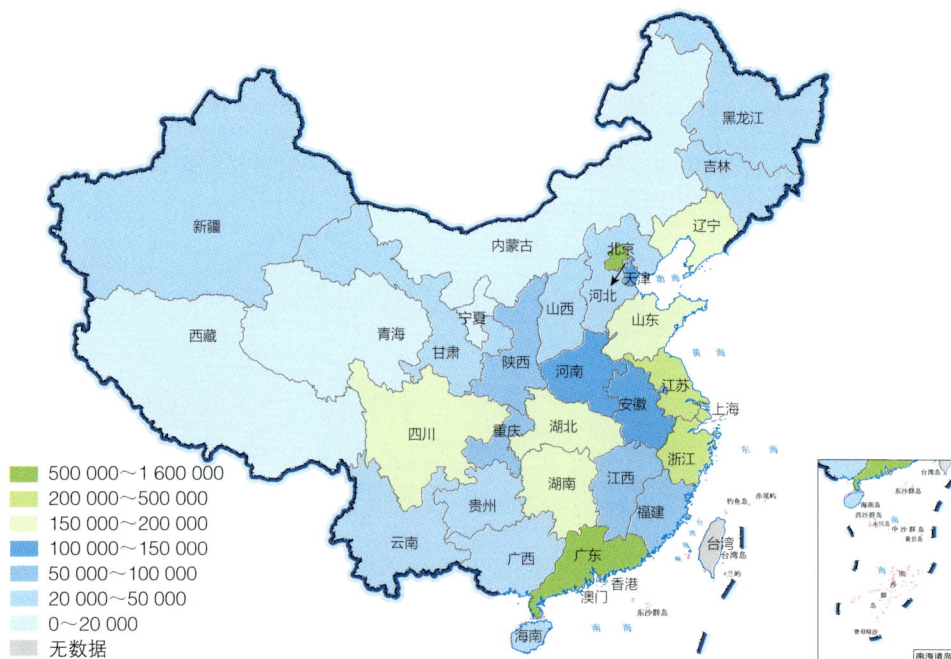

图 3–5–6　各地方辖区内科研院所签订的技术开发、咨询、服务合同金额
（单位：万元）区间分布

第六章
新立项的科技计划项目

科技计划项目是解决经济社会发展中出现的各类科学技术问题的重要手段，2022 年新获立项批复的科技计划项目产生的技术是科研院所后续几年进行科技成果转化的重要成果来源。

一、总体情况

2022 年，科研院所新获立项批复的科技计划项目（课题）总金额（包括财政资助金额和自筹金额）为 998.8 亿元，其中财政资助金额为 863.0 亿元，中央财政资助金额为 593.5 亿元。新获批和往年获批科技计划项目（课题）在 2022 年到账金额为 676.0 亿元，其中财政资助到账金额为 596.5 亿元，中央财政资助到账金额为 394.7 亿元。

二、中央所属科研院所

2022 年，中央所属科研院所新获立项批复的科技计划项目（课题）总金额为 750.8 亿元，其中财政资助金额为 658.2 亿元，中央财政资助金额为 509.8 亿元。新获批和往年获批科技计划项目（课题）在 2022

年到账金额为 523.4 亿元，其中财政资助到账金额为 461.3 亿元，中央财政资助到账金额为 352.5 亿元。

三、地方所属科研院所

2022 年，地方所属科研院所新获立项批复的科技计划项目（课题）总金额为 247.9 亿元，其中财政资助金额为 204.8 亿元，中央财政资助金额为 83.7 亿元。新获批和往年获批科技计划项目（课题）在 2022 年到账金额为 152.6 亿元，其中财政资助到账金额为 135.3 亿元，中央财政资助到账金额为 42.3 亿元。

四、辖区内科研院所

按照科研院所所在地统计，2022 年各地方辖区内科研院所新获立项批复的科技计划项目（课题）总金额排名前 3 位的省份分别是北京市（368.6 亿元）、上海市（150.7 亿元）、广东省（89.7 亿元）（图 3-6-1）。

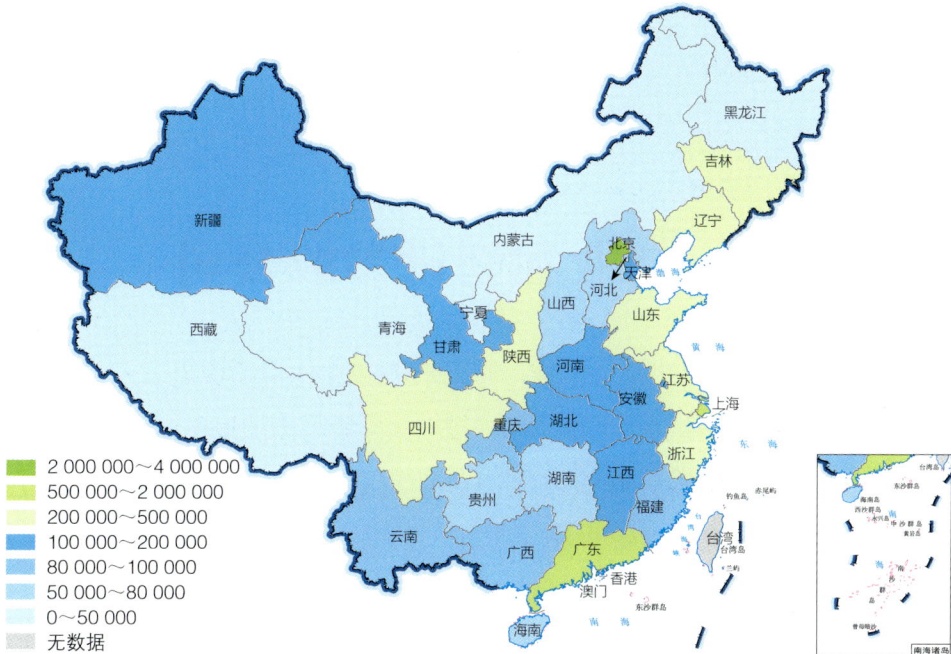

图 3-6-1　各地方辖区内科研院所新获立项批复的科技计划项目（课题）
总金额（单位：万元）区间分布

图例：
- 2 000 000～4 000 000
- 500 000～2 000 000
- 200 000～500 000
- 100 000～200 000
- 80 000～100 000
- 50 000～80 000
- 0～50 000
- 无数据

第七章
兼职及离岗创业和创设参股公司

　　国家鼓励科研人员兼职或离岗创业促进科技成果转化。《中华人民共和国促进科技成果转化法》规定，国家鼓励研究开发机构、高等院校与企业及其他组织开展科技人员交流，根据专业特点、行业领域技术发展需要，聘请企业及其他组织的科技人员兼职从事教学和科研工作，支持本单位的科技人员到企业及其他组织从事科技成果转化活动。《实施〈中华人民共和国促进科技成果转化法〉若干规定》要求，研究开发机构、高等院校应当建立制度规定或者与科技人员约定兼职、离岗从事科技成果转化活动期间和期满后的权利和义务。上述规定为研究开发机构、高等院校的科研人员兼职从事科技成果转化活动和离岗创业提供了重要政策保障。

　　科技成果转移转化相关协议签订后，科技成果的技术支持和顺利产业化是科技成果转移转化成功的关键。很多科研院所在转化科技成果后，通过创设和参股公司的方式，进一步支持、服务科技成果产业化的后续工作。因此，对创设和参股公司的统计分析，有助于更全面地了解科技成果转化成效。

一、兼职及离岗创业人员

兼职从事科技成果转化和离岗创业人员数量显著增长。截至 2022 年底，科研院所兼职从事科技成果转化和离岗创业人员数量为 6594 人，比截至上一年底增长 45.7%。其中，中央所属科研院所兼职从事科技成果转化和离岗创业人员数量为 2545 人，比截至上一年底增长 3.1%；地方所属科研院所兼职从事科技成果转化和离岗创业人员数量为 4049 人，比截至上一年底增长 95.0%（图 3-7-1）。

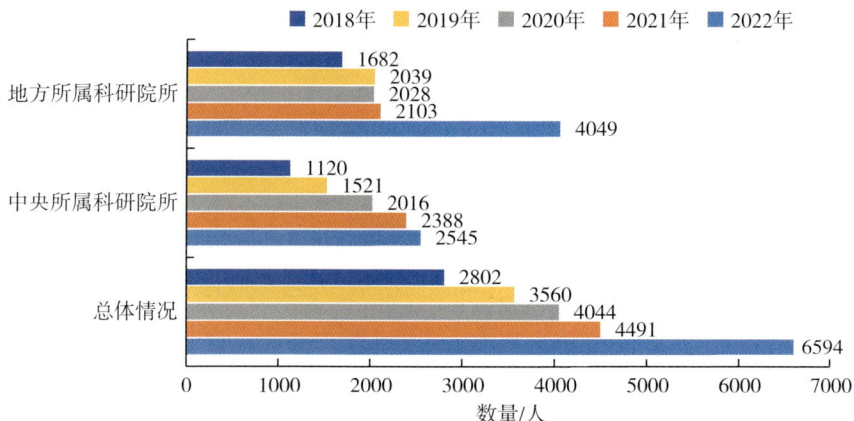

图 3-7-1　科研院所兼职从事科技成果转化和离岗创业人员数量

2284 家科研院所平均每家兼职从事科技成果转化和离岗创业人员数量为 2.9 人，其中中央所属科研院所平均每家兼职从事科技成果转化和离岗创业人员数量为 4.4 人，地方所属科研院所平均每家兼职从事科技成果转化和离岗创业人员数量为 2.4 人。

二、创设和参股公司

创设和参股公司数量明显增长。截至 2022 年底，科研院所创设和参股公司数量为 1889 个，比截至上一年底增长 38.4%。其中，中央所属科研院所创设和参股公司数量为 721 个，比截至上一年底增长 28.4%；地方所属科研院所创设和参股公司数量为 1168 个，比截至上一年底增长 45.3%（图 3-7-2）。

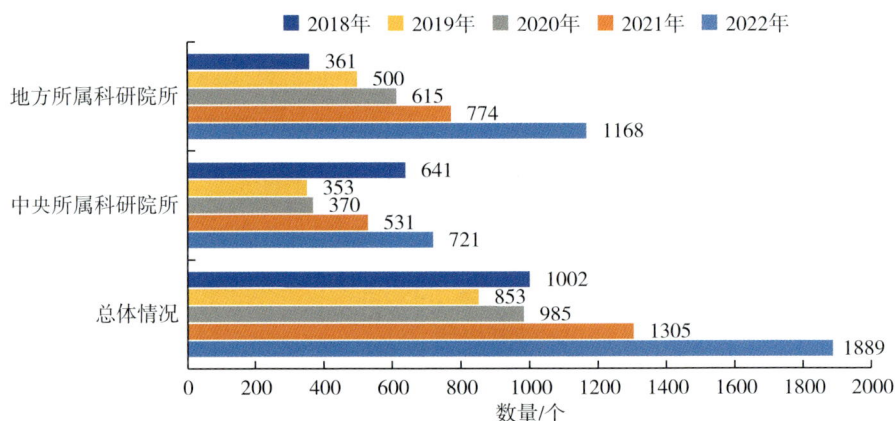

图 3-7-2　科研院所创设和参股公司数量

2284 家科研院所平均每家创设和参股公司数量为 0.8 个，其中中央所属科研院所平均每家创设和参股公司数量为 1.3 个，地方所属科研院所平均每家创设和参股公司数量为 0.7 个。

第八章
技术转移机构与人才建设

部分科研院所专门成立了适合自身特点的技术转移机构，科技成果转移转化不断趋向专业化。此外，科研院所与企业共建的研发机构、转移机构和服务平台的数量快速增加，不断吸纳聚合各方资源助力科技成果转移转化。

一、技术转移机构

（一）科研院所自建

自建技术转移机构的科研院所占比略有增长。截至 2022 年底，304 家科研院所自建了技术转移机构，占科研院所总数（2284 家）的 13.3%，比截至上一年底增长 7.5%（图 3-8-1）。科研院所累计自建了 439 个技术转移机构，比截至上一年底下降 1.7%。

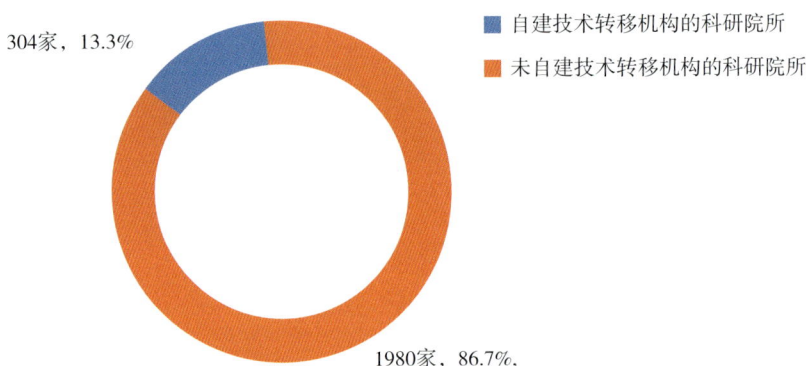

304家，13.3%

自建技术转移机构的科研院所
未自建技术转移机构的科研院所

1980家，86.7%，

图 3-8-1　自建技术转移机构的科研院所数量和占比情况

（二）与市场化技术转移机构合作

截至 2022 年底，370 家科研院所与市场化技术转移机构合作开展科技成果转化，占科研院所总数的 16.2%，比截至上一年底增长 1.5%（图 3-8-2）。科研院所累计与 1634 个市场化技术转移机构合作开展科技成果转化，比截至上一年底增长 8.4%。

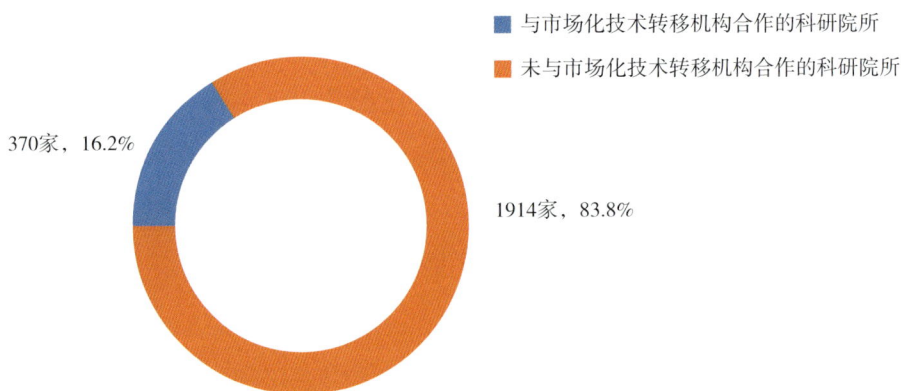

与市场化技术转移机构合作的科研院所
未与市场化技术转移机构合作的科研院所

370家，16.2%

1914家，83.8%

图 3-8-2　与市场化技术转移机构合作的科研院所数量和占比情况

（三）机构作用认可

2022 年，2284 家科研院所中 40.1% 的（共 917 家）认为技术转移机构在科技成果转移转化过程中发挥重要作用；16.8% 的（共 383 家）认为发挥一般作用；7.2% 的（共 165 家）认为发挥很小作用；35.9% 的（共 819 家）认为未发挥作用（图 3–8–3）。

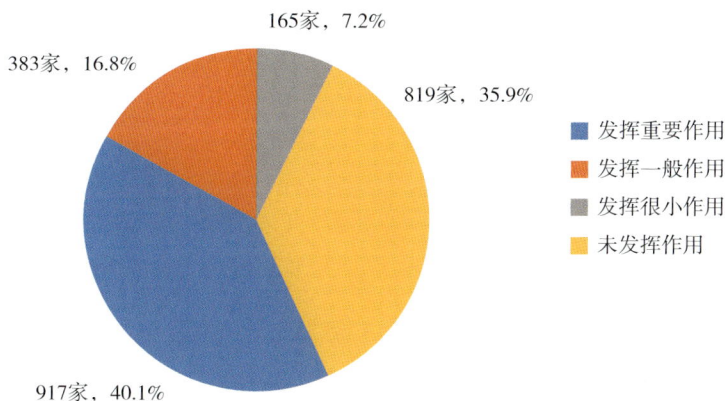

165家，7.2%

383家，16.8%

819家，35.9%

917家，40.1%

■ 发挥重要作用
■ 发挥一般作用
■ 发挥很小作用
■ 未发挥作用

图 3-8-3 科研院所对技术转移机构的作用认可

304 家有自建技术转移机构的科研院所中，74.3% 的（共 226 家）认为技术转移机构在科技成果转移转化过程中发挥重要作用；18.8% 的（共 57 家）认为发挥一般作用；2.3% 的（共 7 家）认为发挥很小作用；4.6% 的（共 14 家）认为未发挥作用（图 3–8–4）。

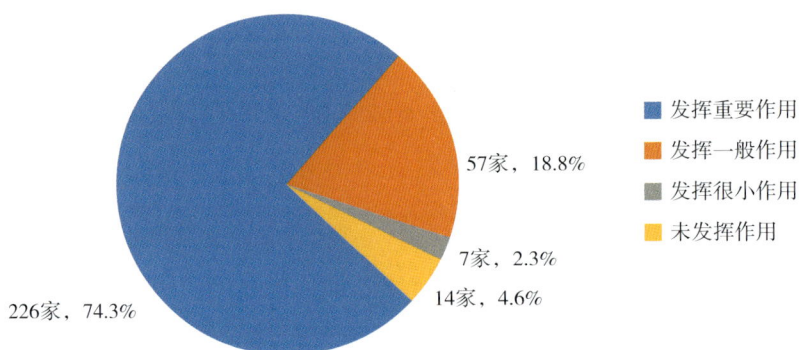

图 3-8-4　有自建技术转移机构的科研院所对技术转移机构的作用认可

二、技术转移人员

截至 2022 年底，1013 家科研院所具有专职从事科技成果转化工作人员，比截至上一年底增长 7.3%，占科研院所总数（2284 家）的 44.4%。科研院所累计拥有 8442 名专职从事科技成果转化工作人员，人员数量比截至上一年底增长 5.7%（图 3-8-5）。

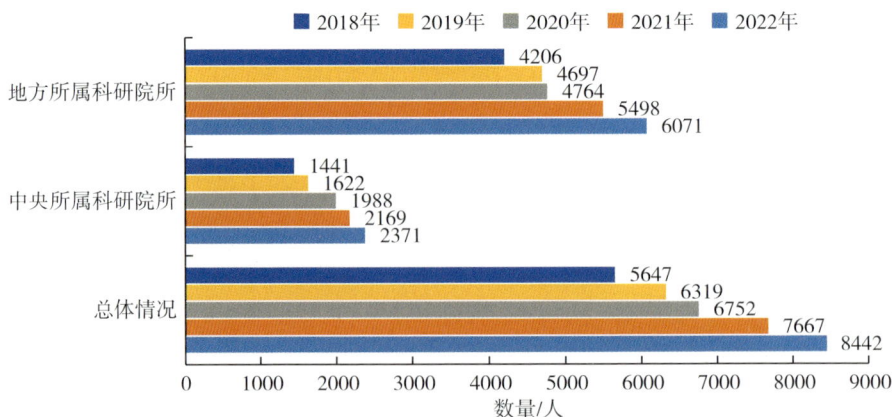

图 3-8-5　科研院所专职从事科技成果转化工作人员数量

三、与企业共建研发机构、转移机构、转化服务平台

科研院所与企业共建研发机构、转移机构、转化服务平台数量略有增长，对促进科技成果和科技研发供需的有效对接发挥了重要作用。截至 2022 年底，科研院所（445 家）与企业共建的研发机构、转移机构、转化服务平台总数为 2200 个，比截至上一年底增长 7.5%。其中，中央所属科研院所与企业共建 507 个，比截至上一年底增长 6.7%；地方所属科研院所与企业共建 1693 个，比截至上一年底增长 7.7%（图 3-8-6）。

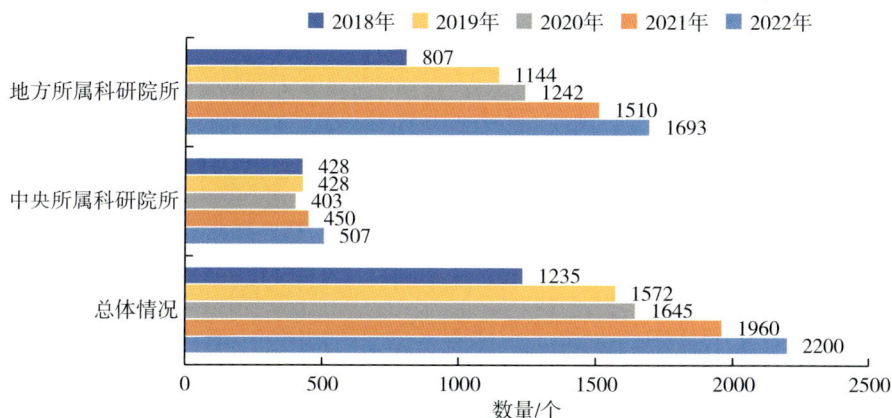

图 3-8-6　科研院所与企业共建研发机构、转移机构、转化服务平台数量

2284 家科研院所平均每家共建机构和平台 1.0 个，其中中央所属科研院所平均每家共建机构和平台 0.9 个，地方所属科研院所平均每家共建机构和平台 1.0 个。

附　录

附录 1　2022 年高校院所科技成果转化总合同[①] 金额前 50 名

排名	单位名称
1	浙江大学
2	上海交通大学
3	清华大学
4	重庆大学
5	北京理工大学
6	华中科技大学
7	四川大学
8	北京大学
9	天津大学
10	西安交通大学
11	中国水利水电科学研究院
12	中南大学
13	北京航空航天大学
14	中国科学院空天信息创新研究院
15	哈尔滨工业大学
16	中国环境科学研究院
17	华南理工大学
18	西北工业大学

[①]　附录中科技成果转化"总合同"包含以转让、许可、作价投资和技术开发、咨询、服务 6 种方式转化科技成果的合同。

续表

排名	单位名称
19	中国矿业大学
20	武汉理工大学
21	武汉大学
22	山东大学
23	东南大学
24	中国药科大学
25	东北大学
26	湖南省地质灾害调查监测所（湖南省地质灾害应急救援技术中心）
27	青岛科技大学
28	江南大学
29	中国科学院上海药物研究所
30	复旦大学
31	中国电子科技集团公司第二十八研究所
32	南京航空航天大学
33	电子科技大学
34	北京科技大学
35	华北电力大学
36	吉林大学
37	广东省科学院
38	南京理工大学
39	中国石油大学（北京）
40	西南交通大学
41	齐鲁工业大学（山东省科学院）

续表

排名	单位名称
42	中国科学院大连化学物理研究所
43	同济大学
44	厦门大学
45	华东理工大学
46	西安电子科技大学
47	北京交通大学
48	南京大学
49	中国科学技术大学
50	大连理工大学

附录 2   2022 年高校院所以转让、许可、作价投资方式转化科技成果合同金额前 50 名

排名	单位名称
1	上海交通大学
2	中南大学
3	中国科学院上海药物研究所
4	中国科学院脑科学与智能技术卓越创新中心
5	清华大学
6	中国药科大学
7	上海船舶研究设计院（中国船舶集团有限公司第六〇四研究院）
8	中国科学院动物研究所
9	中国科学院天津工业生物技术研究所
10	中国科学院微生物研究所
11	复旦大学
12	中国科学院大连化学物理研究所
13	北京大学
14	中国疾病预防控制中心病毒病预防控制所
15	中国科学院力学研究所
16	中国科学院分子细胞科学卓越创新中心
17	齐鲁工业大学（山东省科学院）
18	中国科学院上海有机化学研究所
19	上海科技大学

续表

排名	单位名称
20	华东理工大学
21	中国医学科学院药物研究所
22	武汉大学
23	西北工业大学
24	北京理工大学
25	厦门大学
26	四川大学
27	西安微电子技术研究所
28	大连理工大学
29	中国科学技术大学
30	中山大学
31	浙江大学
32	中国工程物理研究院应用电子学研究所
33	西安交通大学
34	广州中医药大学
35	东北大学
36	山东理工大学
37	上海微小卫星工程中心
38	山东大学
39	中国航空工业集团公司西安航空计算技术研究所
40	北京化工大学
41	湖南科技大学
42	武汉理工大学

续表

排名	单位名称
43	中国农业科学院兰州兽医研究所
44	河北工业大学
45	南京大学
46	温州医科大学
47	首都医科大学
48	温州医科大学眼视光工程技术研究中心
49	天津大学
50	华中科技大学

附录 3　2022 年高校院所以技术开发、咨询、服务方式转化科技成果合同金额前 50 名

排名	单位名称
1	浙江大学
2	清华大学
3	重庆大学
4	上海交通大学
5	北京理工大学
6	华中科技大学
7	四川大学
8	中国水利水电科学研究院
9	天津大学
10	中国科学院空天信息创新研究院
11	北京航空航天大学
12	北京大学
13	西安交通大学
14	哈尔滨工业大学
15	中国环境科学研究院
16	华南理工大学
17	中国矿业大学
18	武汉理工大学
19	湖南省地质灾害调查监测所（湖南省地质灾害应急救援技术中心）

续表

排名	单位名称
20	东南大学
21	西北工业大学
22	武汉大学
23	青岛科技大学
24	山东大学
25	中国电子科技集团公司第二十八研究所
26	东北大学
27	江南大学
28	华北电力大学
29	电子科技大学
30	吉林大学
31	广东省科学院
32	北京科技大学
33	南京航空航天大学
34	西南交通大学
35	同济大学
36	中国石油大学（北京）
37	中南大学
38	南京理工大学
39	西安电子科技大学
40	西南石油大学
41	生态环境部南京环境科学研究所
42	北京交通大学

续表

排名	单位名称
43	苏州大学
44	复旦大学
45	中国石油大学（华东）
46	广东省水利水电科学研究院
47	西安建筑科技大学
48	水利部交通运输部国家能源局南京水利科学研究院
49	江苏大学
50	生态环境部华南环境科学研究所

附录 4　2022 年各地方辖区内的高校院所科技成果转化
总合同金额排名

排名	省（自治区、直辖市）	排名	省（自治区、直辖市）
1	北京市	17	福建省
2	江苏省	18	吉林省
3	上海市	19	江西省
4	广东省	20	河北省
5	浙江省	21	山西省
6	湖北省	22	甘肃省
7	山东省	23	云南省
8	陕西省	24	广西壮族自治区
9	四川省	25	贵州省
10	湖南省	26	新疆维吾尔自治区
11	辽宁省	27	海南省
12	天津市	28	内蒙古自治区
13	重庆市	29	宁夏回族自治区
14	安徽省	30	青海省
15	河南省	31	西藏自治区
16	黑龙江省		

附录 5　2022 年高等院校科技成果转化总合同金额前 50 名

排名	单位
1	浙江大学
2	上海交通大学
3	清华大学
4	重庆大学
5	北京理工大学
6	华中科技大学
7	四川大学
8	北京大学
9	天津大学
10	西安交通大学
11	中南大学
12	北京航空航天大学
13	哈尔滨工业大学
14	华南理工大学
15	西北工业大学
16	中国矿业大学
17	武汉理工大学
18	武汉大学
19	山东大学

续表

排名	单位
20	东南大学
21	中国药科大学
22	东北大学
23	青岛科技大学
24	江南大学
25	复旦大学
26	南京航空航天大学
27	电子科技大学
28	北京科技大学
29	华北电力大学
30	吉林大学
31	南京理工大学
32	中国石油大学（北京）
33	西南交通大学
34	齐鲁工业大学（山东省科学院）
35	同济大学
36	厦门大学
37	华东理工大学
38	西安电子科技大学
39	北京交通大学
40	南京大学
41	中国科学技术大学
42	大连理工大学

排名	单位
43	西南石油大学
44	北京化工大学
45	苏州大学
46	中国石油大学（华东）
47	江苏大学
48	西安建筑科技大学
49	中山大学
50	浙江工业大学

附录 6　2022 年科研院所科技成果转化总合同金额前 50 名

排名	单位
1	中国水利水电科学研究院
2	中国科学院空天信息创新研究院
3	中国环境科学研究院
4	湖南省地质灾害调查监测所（湖南省地质灾害应急救援技术中心）
5	中国科学院上海药物研究所
6	中国电子科技集团公司第二十八研究所
7	广东省科学院
8	中国科学院大连化学物理研究所
9	生态环境部南京环境科学研究所
10	中国科学院脑科学与智能技术卓越创新中心
11	中国疾病预防控制中心病毒病预防控制所
12	广东省水利水电科学研究院
13	水利部交通运输部国家能源局南京水利科学研究院
14	生态环境部华南环境科学研究所
15	中国科学院微电子研究所
16	上海船舶研究设计院（中国船舶集团有限公司第六〇四研究院）
17	北京卫星环境工程研究所
18	中国科学院动物研究所
19	珠江水利委员会珠江水利科学研究院

排名	单位
20	长江水利委员会长江科学院
21	中国科学院过程工程研究所
22	中国科学院力学研究所
23	中国科学院天津工业生物技术研究所
24	中国科学院微生物研究所
25	中国科学院沈阳自动化研究所
26	中国航空工业集团公司沈阳飞机设计研究所
27	中国科学院西安光学精密机械研究所
28	公安部第三研究所
29	公安部第一研究所
30	中国科学院深圳先进技术研究院
31	广东省农业科学院
32	安徽省（水利部淮河水利委员会）水利科学研究院（安徽省水利工程质量检测中心站）
33	洛阳船舶材料研究所（中国船舶集团有限公司第七二五研究所）
34	清华大学天津高端装备研究院
35	中国科学院合肥物质科学研究院
36	中国科学院上海有机化学研究所
37	中国科学院工程热物理研究所
38	粤港澳大湾区数字经济研究院（福田）
39	中国科学院分子细胞科学卓越创新中心
40	中国科学院上海硅酸盐研究所
41	黄河水利委员会黄河水利科学研究院

续表

排名	单位
42	深圳华大生命科学研究院
43	江苏省农业科学院
44	交通运输部天津水运工程科学研究所
45	中国科学院宁波材料技术与工程研究所
46	中国科学院长春光学精密机械与物理研究所
47	中国安全生产科学研究院
48	中国科学院金属研究所
49	中国工程物理研究院应用电子学研究所
50	清华四川能源互联网研究院

附录 7　名词解释

1.科技成果：按照《中华人民共和国促进科技成果转化法》第二条，科技成果是指通过科学研究与技术开发所产生的具有实用价值的成果。

2.科技成果转化：按照《中华人民共和国促进科技成果转化法》第二条，科技成果转化是指为提高生产力水平而对科技成果所进行的后续试验、开发、应用、推广直至形成新技术、新工艺、新材料、新产品，发展新产业等活动。

3.科技成果转让：通过所有权转移等转让方式进行科技成果转化。按照《民法典》第八百六十二条，技术转让合同是合法拥有技术的权利人，将现有特定的专利、专利申请、技术秘密的相关权利让与他人所订立的合同。

4.科技成果许可：以许可使用等方式进行科技成果转化。按照《民法典》第八百六十二条，技术许可合同是合法拥有技术的权利人，将现有特定的专利、技术秘密的相关权利许可他人实施、使用所订立的合同。

5.科技成果作价投资：以技术折算一定价值对外投资的科技成果转化，包括以专利作价入股、以技术作价投资创设新公司、以技术作价投资参股公司等方式。

6.技术开发、咨询、服务合同：按照《民法典》第八百五十一条，技术开发合同是当事人之间就新技术、新产品、新工艺、新品种或者新材料及其系统的研究开发所订立的合同；按照《民法典》第八百七十八条，技术咨询合同是当事人一方以技术知识为对方就特定技术项目提供可行性论证、技术预测、专题技术调查、分析评价报告等所订立的合同，技术服务合同是当事人一方以技术知识为对方解决特定技术问题所订立的合同，不包括承揽合同和建设工程合同。

7. 研发与转化主要贡献人员：在研究开发和科技成果转化中做出主要贡献的人员。

8. 兼职和离岗创业人员：经单位审批程序批准，在外兼职或进行离岗创业（且保留人事关系）的人员。

9. 创设和参股公司：研究开发机构、高等院校及其科技人员可以采取多种方式转化高新技术成果，创办高新技术企业和参股公司。

附录8　科技成果转化年度报告指标体系

一、单位基本情况

单位名称				邮政编码	
地址	省（直辖市、自治区）市（县）区路（街道）号				
单位性质		单位类型		单位网址	
法定代表人		电　话		传　真	
联系人	姓　名		所在部门、职务		
	手机号码		办公电话		
	电子邮件		传　真		

二、科技成果转移转化情况

（一）科技成果转移转化总体情况

序号	项　目		2022 年度		
			总计	其中：财政资助	中央财政资助
一	以转让方式转化科技成果	合同项数 / 项			
		合同金额 / 万元			
		当年到账金额 / 万元			
二	以许可方式转化科技成果	合同项数 / 项			
		合同金额 / 万元			
		当年到账金额 / 万元			

续表

序号	项目		2022 年度		
			总计	其中：财政资助	中央财政资助
三	以作价投资方式转化科技成果	合同项数 / 项			
		作价金额 / 万元			
小计	以上一、二、三项小计	总合同项数 / 项			
		总合同金额 / 万元			
	以上一、二项小计	当年到账总金额 / 万元			
四	产学研合作情况	技术开发、咨询、服务项目合同数 / 项		—	—
		技术开发、咨询、服务项目合同金额 / 万元		—	—
		技术开发、咨询、服务项目当年到账总金额 / 万元		—	—
合计	以上一、二、三、四项合计	科技成果转让、许可、作价投资项目和技术开发、咨询、服务合同项目数 / 项		—	—
		科技成果转让、许可、作价投资项目和技术开发、咨询、服务项目合同总金额 / 万元		—	—
	以上一、二、四项合计	科技成果转让、许可项目和技术开发、咨询、服务项目当年到账总金额 / 万元		—	—
五	获得财政资金资助的科技项目情况	立项批复的科技项目数 / 项		—	
		立项批复的科技项目（课题）总金额 / 万元			
		项目（课题）资金当年到账金额 / 万元			

续表

序号	项 目	2022 年度		
		总计	其中：财政资助	中央财政资助
六	其他相关指标	与企业共建研发机构、转移机构、转化服务平台数量 / 个	—	—
		自建技术转移机构数量 / 个	—	—
		专职从事科技成果转化工作人数 / 人	—	—
		与本单位合作开展科技成果转化的市场化转移机构数量 / 个	—	—
		在外兼职从事成果转化人员和离岗创业人员数 / 人	—	—
		创设公司和参股公司数 / 个	—	—
		单位研究与试验发展（R&D）总金额 / 万元		

注：1. "合同项数"为当年新签订的合同总数目。

2. "合同金额"为当年新签订的合同总金额，往年签订的成果转化合同当年发生到账的不计入。若有以销售提成方式约定科技成果转化金额的情况，如"500万元 + 专利技术药品年销售额 3%""30 万元 + 每套设备 5 万元销售提成"等，则"合同金额"仅填写"500 万元""30 万元"即可，无需折算销售提成。

3. "当年到账金额"为当年新签订和往年签订的合同在当年实际到账的总金额。

4. "财政资助"（序号"一"至"三"中）为经费来源中受到过财政（包括中央财政和地方财政）资助的项目取得的科技成果转化后产生的合同数目、合同金额、当年到账金额。例如，项目获得财政资助额度 100 万元，产生的科技成果在转化时签订的合同金额为 2000 万元，则"合同金额"应填写"2000"万元，与财政资助额度无关。

5. "中央财政资助"（序号"一"至"三"中）为"财政资助"中受到过中央财政资助的项目取得的科技成果转化后产生的合同数目、合同金额、当年到账金额等数据信息。财政资助包括中央财政资助和地方财政资助，"中央财政资助"

的合同数目、合同金额、当年到账金额等数据应小于或等于"财政资助"相关数据。例如，项目获得中央财政资助额度 100 万元，产生的科技成果在转化时签订的合同金额为 2000 万元，则"合同金额"应填写"2000"万元，与中央财政资助额度无关。

6. "获得财政资金资助的科技项目情况"中：

① "立项批复的科技项目数"为当年新获立项批复的科技计划项目总数目，"总计"部分为中央财政和地方财政资金资助的科技项目数总和，"中央财政资助"为中央财政资金资助的科技项目数。

② "立项批复的科技项目（课题）总金额"仅填写当年新获立项批复的科技计划项目中本单位承担部分涉及金额，其中"总计"部分为项目（课题）金额的总和（包括财政资助金额和自筹金额），"财政资助"为项目（课题）总金额中财政资金资助金额，"中央财政资助"为"财政资助"中获得中央财政资金资助金额。

③ "项目（课题）资金当年到账金额"为当年新获批和往年获批的科技计划项目（课题）在当年实际到账的金额，"总计"部分为财政资助资金和自筹资金的到账金额总和，"财政资助"为财政资助的到账金额，"中央财政资助"为中央财政资助的到账金额。

例如，有国家级项目 A，承担单位承担部分的总经费 1000 万元，包括中央财政经费 600 万元、地方财政经费 300 万元、单位自筹及其他渠道资助 100 万元。有省级项目 B，项目金额 500 万元，包括财政经费 300 万元、单位自筹及其他渠道资助 200 万元。则"立项批复的科技计划项目金额"总计 1500 万元，财政资助 1200 万元，中央财政资助 600 万元。

7. "其他相关指标"由单位填报截至当年年底的机构、平台、人员、公司的数量。

8. "单位研究与试验发展（R&D）经费总金额（万元）"为当年单位用于研究与试验发展（R&D）而实际发生的全部经费支出，不论经费来源渠道、经费预算所属时期、项目实施周期，也不论经费支出是否构成对应当期收益的成本，只要当年发生的经费支出均应统计。研究与试验发展（R&D）包括基础研究、应用研究和试验发展三种类型，经费用途包括单位实际用于研究与试验发展活动的人员劳务费、原材料费、固定资产购建费、管理费及其他费用支出等，不包含委托其他单位或与其他单位合作开展 R&D 活动而转拨给其他单位的经费。

9. 表中"—"的地方不用填内容。

（二）科技成果转化清单

表1　以转让、许可、作价投资方式转化成果

序号	合同名称	对应成果名称	合同金额／万元	当年到账金额／万元	转化方式	定价方式	是否评估	转化去向	转化至单位名称（选填）	转化至单位所在地	该成果应用的行业领域	受财政资助类型（可多选）	是否为当年新签订合同
1													
2	（可加页）												

注：1. 本表中需填写如下两方面相关信息：

（1）当年新签订的以转让、许可、作价投资方式转化成果的合同相关信息；

（2）往年签订但当年有到账的以转让、许可、作价投资方式转化成果的合同相关信息。

2. "对应成果名称"为某项已签订合同涉及的科技成果名称，若某项合同含有成果数太多，可列举几项主要成果名称，如：××等××项成果。

3. "合同金额"为某项成果转化当年新签订的单项合同金额，若某项成果转化当年签订多份合同，则应列出每份合同相关信息；若合同为多方联合转化签订，则只填写本单位涉及金额。"合同金额"一项只填写当年新签订的合同金额信息，往年签订的成果转化合同当年发生到账的，"合同金额"一项填"0"。若有以销售提成方式约定科技成果转化金额的情况，如"500万元＋专利技术药品年销售额3%""30万元＋每套设备5万元销售提成"等，则"合同金额"仅填写"500万元""30万元"即可，无需折算销售提成。

4. "当年到账金额"为某项成果转化当年新签订或往年签订的合同在当年实际到账金额，若某项成果转化当年有多份合同到账，则应列出每份合同当年到账相关信息，请填写具体数字。以作价投资方式转化科技成果的当年到账金额只填写实际现金到账金额，如分红、股权退出变现。

5. "转化方式"为某项已签订合同中约定的转化方式，如若是单一转化方式，请选"转让""许可"或"作价投资"，如若是多种转化方式的组合，请选择"其他"。

6. "是否评估"指采取协议定价、挂牌交易、拍卖以及其他定价方式对科技成果

定价时，是否进行过评估。

7. "转化去向"请选择该项合同中对应科技成果的转化去向。"中小微企业"和"大型企业"标准参考《国家统计局关于印发统计上大中小微型企业划分办法的通知》(国统字〔2011〕75号)，"国有企业"标准参考《关于划分企业登记注册类型的规定调整的通知》(国统字〔2011〕86号)，非国有企业均归类为"其他企业"。

8. "转化至单位名称"为选填项，若转化至单位名称较敏感，可不填。

9. "该成果应用的行业领域"标准参考《国民经济行业分类与代码》(GB/T 4754—2017)中门类分类标准。

10. "受财政资助类型"为某项合同内对应成果在研发及转化过程中受中央财政及地方财政资助类型。受"中央财政"资助类型可多选，若受五大类科技计划之外的中央财政资助则选"其他"，并填写具体科技计划名称，若未受到中央财政资助，请选"无"；若受到地方财政资助，请填写受"地方财政资助科技计划名称"，或未受到地方财政资助，请填写"无"。

11. 本表当年新签订合同的合同项数与"（一）科技成果转移转化总体情况"中的一、二、三项小计"合同总项数"相同。

12. 本表当年新签订合同的"合同金额"的合计与"（一）科技成果转移转化总体情况"中的一、二、三项小计"合同总金额"相同。

13. 本表当年新签订合同的"受财政资助类型"中财政资助金额、中央财政资助金额分别与"（一）科技成果转移转化总体情况"中的一、二、三项小计对应"财政资助""中央财政资助"金额相同。

14. 往年签订但当年有到账的合同："合同金额"填"0"，"当年到账金额"如实填写。

表 2　技术开发、咨询、服务项目

序号	技术开发、咨询、服务项目名称	合同金额 /万元	当年到账金额 /万元	是否为新签订合同
1				
2				

注：1. 本表中需填写如下两方面相关信息：

（1）当年新签订合同中"合同金额"在 100 万元及以上的项目相关信息；

（2）往年签订合同中"当年到账金额"在 100 万元及以上的项目相关信息。

2. 以上当年新签订项目合同金额合计等于或者小于第二部分（一）中"技术开发、咨询、服务项目合同金额"。

3. 以上当年到账金额合计等于或者小于第二部分（一）中"技术开发、咨询、服务项目当年到账总金额"。

4. 往年签订但当年有到账的合同："合同金额"填"0"，"当年到账金额"如实填写。

三、成果转化收入的分配情况

序号	项目			2022 年
一	现金收入及奖励	转让、许可的科技成果转化当年实现分配的现金总收入 / 万元	留归单位 / 万元	
			奖励个人 /万元	
				研发与转化主要贡献人员 / 万元
		转让、许可的科技成果取得的现金收入奖励人次 / 次		
		技术开发、咨询、服务项目当年实现分配的现金总收入 / 万元	留归单位 / 万元	
			奖励个人 /万元	
				研发与转化主要贡献人员 / 万元
		技术开发、咨询、服务项目取得的现金收入奖励人次 / 次		

续表

序号	项目			2022 年
二	股权收入及奖励	科技成果作价总金额 / 万元			
		作价投资的科技成果转化当年实现分配的股份金额 / 万元	留归单位 / 万元		
			奖励个人 / 万元	研发与转化主要贡献人员 / 万元	
		股权奖励人次 / 次			
三	奖励情况小计	以上一、二项单位获得现金和股权收入总额 / 万元			
		以上一、二项对个人现金、股权奖励总额 / 万元			
		以转让、许可、作价投资方式转化科技成果单位获得现金、股权收入总额 / 万元			
		以转让、许可、作价投资方式转化科技成果对个人现金、股权奖励总额 / 万元			

注：1. 本表只统计以转让、许可、作价投资方式转化科技成果，以及技术开发、咨询、服务项目取得的现金和股份收入中当年实际完成分配的情况，不统计未完成分配的收入。

2. 转让、许可的科技成果转化当年实现分配的现金总收入中，"奖励个人"为科技成果转化净收入中以现金方式奖励给个人的部分；"留归单位"为现金净收入中除去奖励个人以外的部分。

3. 技术开发、咨询、服务项目当年实现分配的现金总收入以"净收入"计算，为合同到账金额扣除劳务费、材料费、差旅费、技术合同签订费等成本。其中，"奖励个人"为给予个人的现金奖励、绩效奖金、项目验收后供个人或其所在团队继续使用的科研经费等；"留归单位"为管理费、单位收益等。各单位可根据单位实际政策和财务制度申报，如事先按照一定比例扣除。

4. 作价投资的科技成果转化当年实现分配的股权总收入中，"奖励个人"为科技成果转化总收入中以股权方式奖励给个人的部分；"留归单位"为股权总收入中除去奖励个人以外的部分。

5. "研发与转化主要贡献人员"为在研究开发和科技成果转化中做出主要贡献的

人员，原则上该指标应不低于"奖励个人"的50%。

6. 第二栏中"股份奖励人次"中如果是一个人代持团队的股份，请按照团队实际人数填报。

7. "单位获得现金和股权收入总额"是现金和股权收入"留归单位"部分的合计；"对个人现金、股权奖励总额"是现金和股权收入"奖励个人"部分的合计。

8. "以转让、许可、作价投资方式转化科技成果单位获得现金、股权收入总额"是转让、许可的科技成果转化现金收入和作价投资的科技成果转化股权收入"留归单位"部分的合计；"以转让、许可、作价投资方式转化科技成果对个人现金、股权奖励总额"是转让、许可的科技成果转化现金收入和作价投资的科技成果转化股权收入"奖励个人"部分的合计。

四、成效、问题与建议

1. 取得的成效与经验

（1）单位取得科技成果的数量总体情况

单位取得科技成果的数量总体情况（如专利总数量、授权专利数、有效专利数、当年新增专利数、当年新增软件著作权数、当年发表论文数、当年获得科技奖励情况等）。

（2）在成果转化方面取得成效和工作经验

包括规章制度体系建设及执行情况（如科技成果转化管理机构、审批流程、奖励机制、尽职调查程序和考核评价体系等）、项目运作流程、科技成果转化年度报告制度建设情况等。

（3）技术转移机构和技术转移队伍情况

包括技术转移机构在科技成果转化过程中发挥的作用、单位内部技术转移机构人才队伍建设等情况。

2. 成果转化典型案例

介绍2～3个近3年内科技成果转化的典型案例。重点填报国家和各级科技计划产生的重大科技成果转化案例、国家及各省市开展赋权改革试点工作中产生的具有代表性或特色做法的成果转化案例、发挥了抗击疫情或者复工复产作用的典型案例。

案例内容主要包括成果的特点、前期研发投入（如财力、人力、物力等）、研发周期、转化方式及过程、定价方式（如协议定价、挂牌交易、拍卖等，定价过程中是否进行过评估等）、转化收益（如合同金额、到账金额等）、单位内部或外部的第三方技术转移机构发挥的作用、收益分配情况（包括奖励比例、奖励金额及奖励人次等），转化成果应用领域、产生的经济和社会效益、对国家战略的贡献，转化过程中遇到的相关问题及处理方式等。

3.问题与建议

在开展成果转化过程中面临的问题和障碍，相关政策建议。